CORNEILLE

A LA BUTTE SAINT-ROCH

PARIS. — IMPRIMERIE JOUAUST PÈRE ET FILS

rue Saint-Honoré, 338

Corneille et Molière composant *Psyché* (p. clij et 50).

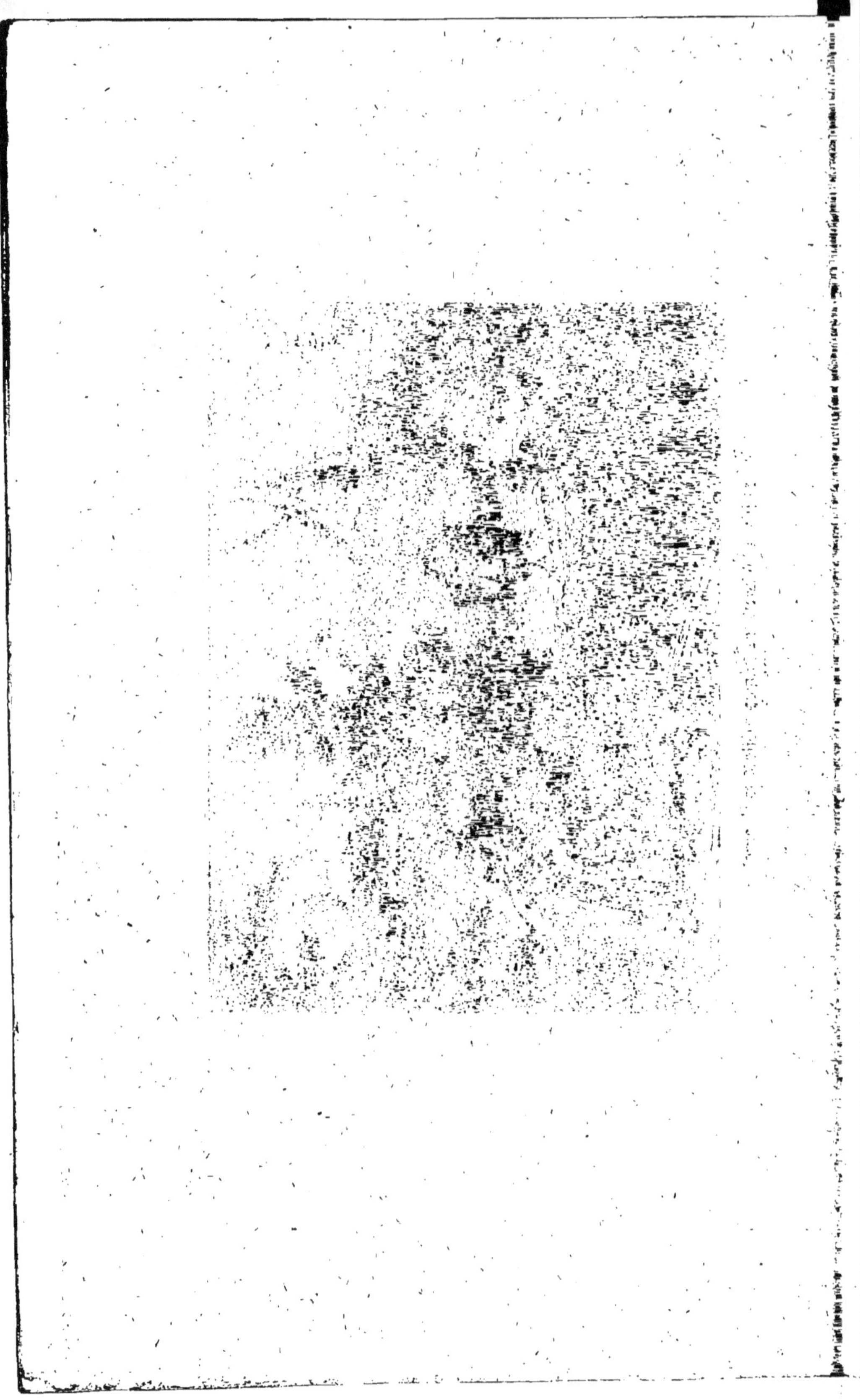

CORNEILLE

A LA

BUTTE SAINT-ROCH

COMÉDIE EN UN ACTE, EN VERS

Représentée au Théâtre-Français le vendredi 6 juin 1862

Précédée de

NOTES SUR LA VIE DE CORNEILLE

D'APRÈS DES DOCUMENTS NOUVEAUX

par

ÉDOUARD FOURNIER

Avec une vignette de M. AUG. RACINET, et un plan de la Butte Saint-Roch au temps de Corneille

---

PARIS

E. DENTU, ÉDITEUR

LIBRAIRE DE LA SOCIÉTÉ DES GENS DE LETTRES

PALAIS-ROYAL, 13 ET 17, GALERIE D'ORLÉANS

1863

ERRATA

—

P. lxvij, notes, dernière ligne, *au lieu de :* Braxen de la Martinière, *lisez :* Bruzen de la Martinière.

P. lxxix, *au lieu de* : il ne lui restait plus qu'à faire jour à *Suréna*, *lisez :* il ne lui restait plus qu'à faire jouer *Surêna.*

P. lxxxvj, lignes 24-29, et p. lxxxvij, lignes 1-2, *lisez :* Mazarin... avait fait monter sur l'ancien théâtre du cardinal de Richelieu, au Palais-Royal, l'opéra italien d'*Orphée,* dont la musique était de L. Rossi, avec machines nouvelles de Torelli, et peintures de Guillerié, sous qui travaillait le jeune Coypel. Tout fut fait comme il le désirait, et avec d'énormes dépenses, mais ne réussit pas... »

P. 31, vers 10, *lisez :* Existe-t-il vraiment de ces gens.

NOTES

SUR LA

VIE DE CORNEILLE

Enfance de Corneille. — S'il descendait des Cornéliens de Rome. — Un trait de courage de son père. — Son éducation. — Le jésuite Delidel. — Stances à la Vierge, jusqu'à présent inconnues, faites par Corneille pour le *Palinod* de Rouen. — Corneille au cabaret. — Son premier amour. — Comment il fait *Mélite* pour un sonnet. — Sa rupture avec Mlle Milet. — Pourquoi. — Surprises de passion et soudainetés de sympathie. — Corneille et Mlle Du Parc. — Molière, *Héraclius* et les pommes cuites. — Voyages de Corneille à Paris. — Lectures de ses pièces. — Chez qui. — *Polyeucte* à l'hôtel de Rambouillet; *Pulchérie* chez le cardinal de Retz. — Le comte de Fiesque. — Le poëte en proie aux pédants. — Urbain Chevreau, Brébeuf, M. Lucas, Louis Petit, l'ami excellent. — M. de Montausier et deux vers de *Suréna*. — Le baiser de Mlle Serment. — Mme Du Pont. — Corneille et le platonisme de ses infidélités conjugales. — Pourquoi il n'ose pas être tendre dans ses pièces. — Pourquoi il l'est dans *Psyché*. — Mlle Marotte, Mlle Desœillets. — Comment on doit *Polyeucte* au comédien La Roque. — Mœurs de Corneille et mœurs des poëtes de son temps. — M. de Guise. — Corneille, Montauron et la dédicace de *Cinna*. — Louis XIII et la dédicace de *Polyeucte*. — Le roi coupable, le poëte absous. — Corneille à la cour. — Condé, Mme de Noailles, la reine de Pologne et Corneille. — Richelieu supprimé du règne de Louis XIII. — La *Toison d'or* et Mazarin. — Vers de Corneille, *non recueillis* — Premier adieu de Corneille au théâtre. — Pourquoi. — Corneille malade et l'*Imitation de Jésus-Christ*. — Voyage à Bourbon. — Corneille marguillier. — Comment le *Timocrate* de Thomas est cause que Pierre se remet au théâtre. — Pellisson ennemi, puis ami. — Fouquet, Corneille et Scarron. — Corneille à Rouen et son *Œdipe* à Paris. — Corneille et les poëtes joueurs ou ivrognes. — Comment il est le premier qui vive de ses œuvres, et comment il en vit. — S'il faut croire à son avarice. — Ses charges de famille. — Les jardins d'Hénouville et la *Guirlande de Julie*. — Corneille et Jacqueline Pascal. — Lebrun fait son portrait; comment il le paye. — Le premier sermon de l'abbé Tallemant. — Les tragédies et le bréviaire. — Corneille, Santeul et le bureau des marchands merciers. — Corneille au banquet de la mercerie. — Corneille et les *jetons* de l'Académie. — Mouton le joueur de luth, Le Peintre le violon et Corneille. — L'anecdote du soulier rapiécé. — Corneille éclaboussé dans la rue et applaudi quand il vient au théâtre. — Ce qu'on lui donne pour ses pièces. — Les tragédies à prix fixe. — Pourquoi il fait l'*Andromède*. — Corneille, poëte d'opéra, et d'Assoucy, compositeur. — Sonnet *non recueilli* pour l'*Ovide en belle humeur*. — Quatrain *non recueilli* pour le *Lygdamon* de Scudéry. — Mareschal et le commerce des dédicaces. — Vers *inconnus* de Corneille pour la *Sœur valeureuse*. — La Pinelière, son *Hippolyte*, et douze vers de Corneille *non recueillis*. — Corneille, l'abbé d'Aubignac et le roi d'Yvetot. — Une vengeance en image. — Mme de Motteville et Corneille. — Les *propos interrompus* à l'hôtel de Bouillon, et les *Stances à la marquise*. — Corneille et la coterie espagnole. — Pourquoi il fait le *Cid* après l'*Illusion comique*; et pourquoi Richelieu, content de la comédie, persécute la tragédie — Le *Cid* et la conspiration espagnole du Val-de-Grâce. — Quel est le sens du mot : *Il faut avoir un esprit de suite*, dit par Richelieu à Corneille. — Persécution du *Cid*. — Ce qu'en dit Corneille dans une lettre à Rotrou. — La tragédie d'*Horace*. — Qui l'inspire à Corneille et pourquoi il la dédie au cardinal. — *Cinna* : dans quelles circonstances cette pièce est écrite, et comment c'est un plaidoyer de clémence pour le parlement de Rouen. — Corneille à Rouen pendant la Fronde. — Condé et *Nicomède*. — Louis XIV, Mlle de la Vallière et la tragédie d'*Othon* — Corneille et sa noblesse. — Une requête de Boisrobert pour Corneille et pour lui. — Thomas Corneille et l'*École des Femmes*. — Corneille au théâtre de Molière. — Encore un mot sur le *Cid* et sur les raisons qui firent préférer par Richelieu Scudéry à Corneille. — Les rivaux de Corneille : Quinault et Racine. — Une critique *inédite* de Racine sur *Rodogune*. — *Agésilas* vaincu par *Alexandre*. — Les deux *Bérénice*. — *Pulchérie* vaincue par *Mithridate*. — Mort de Molière. — Le lutin de Corneille. — *Suréna*. — Claveret et sa pièce de l'*Ecuyer* contre Corneille. — *Cinna* et la conspiration du chevalier de Rohan en basse Normandie. — Pourquoi Corneille a deux fils dans l'armée. — Le cadet tué au siége de Grave. — Mariage de l'aîné avec la fille du marchand Cauchois. — Corneille, le commissaire et les brins de paille. — Ses demeures à Paris : à l'hôtel de Guise et rue d'Argenteuil. — Ce qu'était alors la butte Saint-Roch. — Lully et sa maison à la place de l'un des derniers moulins. — Les 11,000 livres prêtées par Molière. — Comment la maison où mourut Molière n'est pas celle qu'on croit. — Thomas Corneille, rue du *Clos-Georgeot*. — Union des deux frères. — Dénûment de Pierre à ses derniers jours. — Sa mort.

Ainsi que le dit notre titre, nous ne donnerons ici que quelques notes qui n'arriveront pas jusqu'à former une vraie notice. La vie de Corneille est trop complétement écrite ailleurs pour que nous tentions de la récrire. Nous reviendrons le moins possible sur les faits qui sont déjà connus et suffisamment éclaircis. Quelques-uns, moins importants, mais curieux toutefois, qui ont été jusqu'à présent oubliés ou dédaignés, nous occuperont seuls dans ce travail de glaneur de notes plutôt que de biographe. Pour les vers que nous citerons, nous suivrons la même méthode : nous les prendrons de préférence parmi ceux qui n'ont pas encore été recueillis, même dans les dernières éditions des œuvres complètes de Corneille. En un mot, nous tâcherons de ne donner sur ce thème si connu que des détails qui ne le sont pas, de telle sorte qu'on n'ait à chercher ici que ce qui ne se trouve pas ailleurs, même dans le livre le plus complet et le plus célèbre que la biographie de Corneille ait jusqu'à présent inspiré.

Corneille était d'une famille de haute et vaillante bourgeoisie, où il n'avait qu'à regarder pour entretenir son esprit dans sa force et son caractère dans l'honnêteté. « A l'occasion des beaux sentiments de M. Corneille, dignes de Rome, écrit Segrais quelque part [1], je lui demandois s'il n'y avoit point dans leur famille quelque mémoire ou quelque tradition qu'ils descendissent des Cornéliens, qui ont été les plus illustres et les plus vaillants des Romains; car, lui disois-je, je suis persuadé que vous en êtes échappé. » Je ne sais ce que répondit Corneille, mais s'il parla de sa mère, sainte et courageuse femme sortie de cette famille des Le Pesant de Boisguilbert [2] qui vers le même temps devait donner à la France un de ses premiers économistes, il fut aisé de prouver qu'elle valait une Cornélie; et s'il parla de son père, il n'eut qu'à rappeler un des événements dont s'était ému son enfance; pour faire voir qu'il y avait du romain dans ce maistre de eaux et forêts en la vicomté de Rouen.

En janvier 1612, par un très-rude hiver, comme le petit Pierre Corneille n'avait pas encore six ans, son père apprit qu'une bande de paysans armés s'était jetée, du côté de Bapaume, dans la forêt de Roumare, et la ravageait. En ce moment, au lieu de douze sergents pour l'aider à garder les forêts de la vicomté, M. Corneille n'en avait plus que quatre sous ses ordres, les huit autres venaient d'être congédiés. Il n'hésita cependant pas; il dit à ses quatre sergents de s'armer et de le suivre, pria un substitut du procureur général de lui prêter assistance, monta à cheval et partit. Vers Bapaume, il trouva l'avant-garde de la révolte : quinze ou vingt pillards munis de haches et de serpes, et qui semblaient désespérés. Quoique la partie ne fût déjà pas égale, M. Corneille les fit sommer de dire ce qu'ils voulaient et où ils allaient ainsi. A fière question, réponse de même : ils répondirent qu'ils mouraient de froid et de faim. M. Corneille ordonna qu'on leur prît leurs armes. C'était hardi, mais la har-

1. *Segraisiana*, 1721, in-12, p. 76-77.
2. Floquet, *Mémoire lu à l'Académie de Rouen* le 20 janvier 1837.

diesse est une force tout le temps qu'elle étonne. Or, avant que les paysans fussent revenus de la surprise où les avait jetés la témérité de ce magistrat qui, n'ayant avec lui que quatre sergents, tenait tête à toute une bande, on les avait désarmés. Ce n'avait pas toutefois été sans peine : « On cuida veoir, dit le registre du parlement, une révolte contre luy et les siens. » A cent pas de là, un sergent, envoyé devant comme éclaireur, tomba dans le gros des pillards et n'en revint que fort maltraité. Maître Corneille apprit par lui qu'il n'y avait pas là moins de trois cents paysans armés qui gardaient les avenues de la forêt. Braver une telle force eût été insensé, M. Corneille ne l'essaya pas. Il revint à Rouen et fit son rapport au parlement. L'impression fut grande à la lecture; chacun mesura de loin le danger que M. Corneille avait affronté de près, et ce danger fut trouvé des plus effrayants si tout aussitôt on n'y mettait ordre, « non pas seulement, dirent les gens du roi, pour le dommage dans la forêt, mais à cause de la révolte, qui se préparait pour tous les cas où il arriveroit quelque nécessité. » Des mesures furent donc prises pour arrêter le mal.

Il recommença plus tard et avec plus de gravité, puisque alors, au lieu de réprimer la sédition, on vit le parlement de Rouen pactiser avec elle. Nous parlerons de tout cela en son temps, lorsqu'il sera question de la tragédie de *Cinna*, qui, nous le verrons, fut écrite alors comme supplique de clémence en faveur des rebelles menacés par la hache du cardinal. Le père avait mis sa vigueur à tenir bon contre la révolte, le fils mettait son génie à demander la grâce des révoltés.

Si l'exemple de son père était pour le jeune Corneille une continuelle leçon de courage, celui de sa mère n'était pas moins pour lui une leçon quotidienne d'austère piété. Commencée dans la maison paternelle sous le regard de cette sainte femme, au milieu de ses parents, dont quelques-uns étaient dans les ordres[1] ou appartenaient aux compagnies monastiques les plus sérieusement studieuses[2], son éducation s'acheva chez les jésuites de Rouen. Sans rien perdre de la piété prise au foyer natal, il y contracta le goût des lettres ou s'y fortifia dans ce goût par une culture assidue. Le P. Delidel fut un des professeurs qu'il aima et suivit le mieux. Cinquante ans après, il se souvenait encore des leçons du révérend père et l'en remerciait, comme si la gloire des œuvres du disciple n'était pas depuis longtemps pour le maître une satisfaction suffisante. C'était en 1668, Corneille avait soixante-deux ans déjà, et le P. Delidel, qui ne devait pas en avoir moins de quatre-vingts, venait de terminer son *Traité de la théologie des saints*[3]. Il voulut pour son livre la recommandation du disciple dont la gloire était son plus grand honneur. Corneille lui fit une ode, imprimée en tête de l'ouvrage, dans laquelle, modeste par reconnaissance, il attribuait au révérend père la plus belle part dans son propre mérite et dans sa piété. Il lui disait, par exemple :

Savant et pieux écrivain
Qui jadis de ta propre main
M'as élevé sur le Parnasse,
C'était trop peu pour ta bonté
Que ma jeunesse eût profité
Des leçons que tu m'as données ;
Tu portes plus loin ton amour,
Et tu veux qu'aujourd'hui mes dernières années
De tes instructions profitent à leur tour.

Les premiers vers que dut faire Corneille furent des vers

1. Sa tante, Jeanne Corneille, sœur aînée de son père, était religieuse, et son oncle, Antoine Corneille, curé de Sainte-Marie des Champs, près d'Yvetot.

2. Il dit lui-même dans une lettre au P. Boulard publiée par M. C. Port, *Bibliothèque de l'École des chartes*, avril 1852, p. 360, qu'il a des parents chez les bénédictins

3. Un vol. in-4°.

atins, car l'hexamètre et le pentamètre étaient de règle exclusive sur le Parnasse de la Compagnie de Jésus. Même au temps où une autre lui donnait tant de gloire, Corneille ne fut pas ingrat pour cette première muse : les vers latins restèrent un culte pour lui. Il en relut toujours, plus dans Lucain peut-être que dans Virgile, et par instants il en fit encore, ou, s'il n'en écrivit pas, il en traduisit, comme nous le verrons tout à l'heure.

Lorsque, sans abandonner cependant la muse latine, il commença de se livrer à la muse française, qui chez lui garda une certaine teinture de l'autre et sembla toujours un peu coulée dans le même moule énergique, la piété dut être sa première aspiration. Il était ainsi d'accord avec les exemples de sa famille et la doctrine de son éducation. On avait d'ailleurs chaque année, à Rouen, l'occasion de se distinguer par quelque pièce pieuse, stances, ode, sonnet ou chant royal. Depuis le XIe siècle, un concours annuel y existait sous le nom de *Puy* ou *Palinod* [1], dans lequel on récompensait par une *fleur* ou par une *étoile d'argent* [2] l'auteur de la meilleure pièce composée en l'honneur de l'immaculée Conception de la Vierge. La famille Corneille eut plusieurs lauréats dans ces pieux concours, et si, dans les armoiries qui furent accordées au père de notre poëte par lettres royales du 24 mars 1637, elle portait trois étoiles d'argent sur champ d'azur [3], peut-être était-ce en souvenir des récompenses gagnées sous cette forme au Palinod de la Conception. Antoine Corneille, frère de Pierre, moins âgé que lui de cinq ans et plus vieux que Thomas, y fut couronné pour des odes, des stances et des sonnets dont la re-

1. Bottée de Toulmon, des *Puys de Palinods en général*, etc., *Revue française*, juin 1838, p. 103.

2. *Id., ibid.*, note.

3. *Armorial général de France*, ville de Paris, folio 1066, Bibliothèque impériale.

ligieuse inspiration le préparait à la profession qu'il devait embrasser : il prit, ce qu'on ne savait pas, l'habit de génovéfain [1], et fut chanoine régulier du Mont-aux-Malades. Son passé poétique, qu'avaient illustré des vers en l'honneur de la Vierge, ne répugnait pas, comme on voit, à sa qualité. Thomas Corneille n'ayant encore que seize ans fut couronné au Palinod de 1641 ; et quant à Pierre, même à une époque où des succès plus brillants et plus profanes pouvaient le distraire de ceux-là, même dans la pleine aurore de sa gloire théâtrale, il briguait encore en toute modestie l'étoile d'argent du Puy de Rouen. En 1633, deux ans après sa *Mélite*, un an après son *Clitandre*, l'année même où il fit la *Veuve*, il composa pour le Palinod une pièce de six stances qui, je ne sais pourquoi, n'a pas été recueillie dans ses œuvres, bien qu'à tous égards elle le mérite. On a rarement parlé de l'immaculée Conception avec une aussi ingénieuse piété. Voici ces stances :

Homme, qui que tu sois, regarde Ève et Marie,
Et, comparant ta mère à celle du Sauveur,
Vois laquelle des deux en est la plus chérie,
Et du Père éternel gagne mieux la faveur.

L'une à peine respire et la voilà rebelle,
L'autre en obéissance est sans comparaison ;
L'une nous fait bannir, par l'autre on nous rappelle ;
L'une apporte le mal, l'autre la guérison.

L'une attire sur nous la nuit et la tempête,
Et l'autre rend le calme et le jour aux mortels ;
L'une cède au serpent, l'autre en brise la tête,
Met à bas son empire et détruit ses autels.

L'une a toute sa race au démon asservie,
L'autre rompt l'esclavage où furent ses ayeux ;

1. Lettre de Corneille au P. Boulard, *Biblioth. de l'École des chartes*, avril 1852, p. 260.

Par l'une vient la mort, et par l'autre la vie;
L'une ouvre les enfers, et l'autre ouvre les cieux.

Cette Ève, cependant, qui nous engage aux flammes,
Au point qu'elle est formée est sans corruption,
Et la Vierge, bénie entre toutes les femmes,
Serait-elle moins pure en sa conception?

Non, non, n'en croyez rien, et tous, tant que nous sommes,
Publiant le contraire à toute heure, en tout lieu,
Ce que Dieu donne bien à la mère des hommes
Ne le refusons pas à la mère de Dieu.

Il ne faudrait pas, d'après ces vers et d'après le sérieux de la plupart de ses œuvres, se figurer que Corneille fut, même en sa jeunesse, d'une imperturbable gravité. Son génie avait tous les dons, même celui de la gaieté. Il le devait à quelques échappées de vie joyeuse, qui furent, surtout pendant son séjour à Rouen, la distraction de ses travaux. Son esprit pouvait être à Rome, en continuelle familiarité avec les anciens, mais lui-même était bien de son temps et de son pays. Il eut, comme tout le monde, ses folies de jeunesse, courut, comme le plus fou, la pretentaine dans les ruelles de Rouen, et ne dédaigna pas quelques bonnes ripailles au cabaret [1]. On peut lire, pour n'en pas douter, la curieuse pièce à un de ses amis, qu'il fit imprimer avec quelques autres, en 1632, à la suite de sa comédie de *Clitandre* [2]. *J'ai*, dit-il, par exemple, racontant ses amourettes de jeune homme,

J'ai fait autrefois de la bête,
J'avois des Philis à la tête,
J'épiois les occasions,
J'épiloguois mes passions,
Je paraphrasois un visage,

1. *Œuvres diverses de Pierre Corneille*, 1738, in-8, p. 118.
2. *Id.*, p. 116-117.

Je me mettois à tout usage,
Debout, tête nue, à genoux,
Triste, gaillard, rêveur, jaloux,
Je courois, je faisois la grue
Tout un jour au bout d'une rue.
Soleil, flambeaux, attraits, appas,
Pleurs, désespoir, tourment, trépas,
Tout ce petit meuble de bouche
Dont un amoureux s'escarmouche,
Je savois bien m'en escrimer.
Par là je m'appris à rimer,
Par là je fis, sans autre chose,
Un sot en vers d'un sot en prose...

Ce qu'il dit là n'est pas une fiction de poëte; il est bien vrai qu'il ne vint à la poésie qu'en passant par l'amour ou par l'amourette. Quoi qu'il ait pu dire un peu plus tard, dans son *Excuse à Ariste*, il fit, lui aussi, des chansons[1]; puis de l'amourette folle étant arrivé à l'amour plus sérieux, il passa de la chanson à l'ode, aux stances ou au sonnet, et de celui-ci, par une pente naturelle, il vint enfin à l'entreprise plus considérable de la comédie et de la tragi-comédie. *Mélite*, sa première pièce de théâtre, ne fut d'abord qu'un simple sonnet inspiré par une personne aimée[2]. Il courut la ville et eut tant de succès, que Corneille voulut le rendre public, c'est-à-dire le faire entendre sur un théâtre. Il fallait une pièce pour cela : il l'écrivit, en prenant pour thème une aventure galante qui, de compagnie avec le sonnet qu'il sut y enchâsser[3], faisait grand bruit dans les entretiens du monde rouennais. Son premier pas dans la voie du théâtre se trouva fait ainsi sans presque y penser. Pour quelques vers qu'il ne voulait pas perdre, il s'était

1. *Œuvres diverses de Pierre Corneille*, 1738, in-8o, p. 134-136.

2. De même qu'il avait devancé la pièce, ce sonnet fut aussi imprimé avant elle. *Clitandre*, dont l'impression précéda celle de *Mélite*, le fit connaître. Il fait partie des *Meslanges poétiques* imprimés à la suite de cette pièce, la seconde de celles de Corneille et la première imprimée.

3. Il se trouve à la scène IV de l'acte II.

tout à coup lancé dans la carrière qu'il illustra de vingt chefs-d'œuvre. Je ne sais pourquoi, lorsqu'on a fait l'histoire de cette pièce de *Mélite*, on n'a pas mis en saillie la curieuse particularité dont je parle, et pour laquelle on avait le témoignage positif de Thomas Corneille : « Une aventure galante, dit-il dans l'article ROUEN de son *Dictionnaire universel géographique et historique*[1], lui fit prendre le dessein de faire une comédie, pour y employer un sonnet qu'il avoit fait pour une demoiselle qu'il aimoit. Cette pièce, dans laquelle est traitée toute l'aventure et qu'il intitula *Mélite*, eut un succès extraordinaire. »

Quelle était cette aventure galante ? Fontenelle la raconte, mais *Mélite* même nous la dit encore mieux. Il s'agit d'un jeune homme qui, présenté par un ami à la personne qu'il aime, plaît à la dame et supplante son ami. La victoire n'est guère honorable pour le vainqueur. Fontenelle, cependant, anecdotier plus empressé que neveu discret, n'a pas craint d'insinuer que ce vainqueur en amour, aux dépens de l'amitié, c'était notre poëte lui-même. J'aime mieux en croire Thomas Corneille, qui, ayant bien soin de mettre à part le petit roman qui fut le fond de *Mélite* et le *sonnet* qui en fut l'ornement, désintéresse Corneille dans l'aventure, et ne lui laisse, avec le sonnet, que l'honneur d'avoir mis tout cela en comédie.

Une tradition longtemps conservée à Rouen nous apprend que la demoiselle dont Mélite devint le nom sur le théâtre s'appelait Mlle Milet[2], et qu'il n'avait fallu que faire

1. 1708, in-fol., p. 301.

2. V. ce qu'a dit à ce sujet d'après le *Moréri des Normands*, manuscrit de la bibliothèque de Caen, M. Emmanuel Gaillard, dans le *Précis des travaux de l'Académie de Rouen*, 1834, p. 165-166, et aussi un article de Dumersan dans la *Revue du Théâtre* de 1834, t. II, p. 40. — M. Guizot, *Corneille et son temps*, p. 145, croit comme nous à l'existence de Mlle Milet, et pense que c'est d'elle qu'il est parlé dans l'*Excuse à Ariste*, dont il sera question tout à l'heure.

une anagramme fort transparente de son vrai nom pour lui donner ce nom nouveau ; mais un point reste à éclaircir maintenant. Mlle Milet n'est-elle que la *Mélite* du sonnet, et par conséquent la demoiselle aimée par Corneille, ou bien est-elle l'héroïne de l'aventure qui fait le fond de la comédie ? Le problème est fort difficile à résoudre. Je suis, quant à moi, du premier sentiment : Mélite est, à mon sens, la personne chantée dans le sonnet, la demoiselle aimée par Corneille. Il aura cru pouvoir sans lui faire injure donner à l'héroïne de la pièce le nom que le sonnet avait déjà rendu célèbre ; et comme, après tout, le rôle joué par Mélite n'a dans la pièce rien que de charmant, il aura pensé, en donnant ce nouvel éclat à son hommage, n'être que plus agréable à celle qu'il aimait. Peut-être en arriva-t-il tout autrement, peut-être ce qu'il avait regardé comme une nouvelle cause de succès dans son amour en fut-il la ruine. Ce qui, de l'aveu même de Corneille, semble certain, c'est que la personne aimée à qui furent adressés ses premiers vers, et qui, par cette inspiration, lui valut sa première gloire à la ville et à la cour, lui devint bientôt presque ennemie. Il parle, dans son *Excuse à Ariste*, d'un malheur qui rompit ce premier lien, mais sans dire quel est ce malheur, peut-être parce qu'il craint de l'expliquer, la cause en ayant été sa propre imprudence, son trop d'empressement à rendre célèbre celle qu'il aimait.

Les comédies par allusion à des amours véritables étaient alors fort à la mode [1]. On mettait volontiers au théâtre, comme d'Urfé avait fait dans l'*Astrée*, les épisodes amoureux de sa jeunesse [2]. Mais il ne plaisait pas toujours aux femmes de se voir ainsi célébrées, surtout lorsque,

1. V. à ce sujet quelques mots de l'excellent article de M. Édel. Duméril, *Du développement de la tragédie en France*, dans la *Revue germanique* du 31 juillet 1860, p. 43.
2. V. la lettre qu'il écrivit à Pasquier en lui adressant son livre.

comme Mlle Milet, on sentait que sous une transparente anagramme chacun pouvait vous reconnaître ; surtout lorsque, comme elle encore, on appartenait à cette scrupuleuse et vétilleuse bourgeoisie normande, si prompte à dénigrer ce qui vous met au-dessus d'elle et vous sort de son calme plat ; si empressée à voir un grand mal où il se fait un peu de bruit. Fontenelle, dans sa *Vie de Corneille*, dit positivement que la demoiselle qui avait inspiré Corneille « porta pendant longtemps dans Rouen le nom de Mélite, » et il trouve que, la mettant ainsi de moitié « dans toutes les louanges que reçut son amant », ce nom était glorieux pour elle. Je persiste à croire que la jeune bourgeoise ne fut pas de cet avis, et, tenant bon dans mon hypothèse, je m'habitue de plus en plus à penser que cela dut être la cause de la rupture dont il est parlé ainsi dans l'*Excuse à Ariste* :

J'ai brûlé fort longtemps d'une amour assez grande
Et que jusqu'au tombeau je dois bien estimer,
Puisque ce fut par là que j'appris à rimer.
Mon bonheur commença quand mon âme fut prise,
Je gagnai de la gloire en perdant ma franchise ;
Charmé de deux beaux yeux, mon vers charma la cour,
Et ce que j'ai de nom je le dois à l'amour.
J'adorai donc Philis, et la secrette estime
Que ce divin esprit faisoit de notre rime
Me fit devenir poëte aussitôt qu'amoureux ;
Elle eut mes premiers vers, elle eut mes premiers feux,
Et, bien que maintenant cette belle inhumaine
Traite mon souvenir avec un peu de haine,
Je me trouve toujours en état de l'aimer ;
Je me sens tout ému quand je l'entends nommer,
Et, par le doux effet d'une prompte tendresse,
Mon cœur, sans mon aveu, reconnoît sa maîtresse.
Après beaucoup de vœux et de soumissions
Un malheur rompt le cours de nos affections ;
Mais, toute mon amour en elle consommée,
Je ne vois rien d'aimable après l'avoir aimée.
Aussi n'aimai-je plus, et nul objet vainqueur
N'a possédé depuis ma veine ni mon cœur.

Ce que Corneille, par une imitation moins sincère que poétique du vers de Virgile :

> Ille meos primus qui me sibi junxit amores
> Abstulit,

nous dit ici de son éternelle constance au serment des premières amours, n'est pas de la plus exacte vérité. Peut-être avait-il aimé avant de connaître celle qu'il chanta dans *Mélite;* mais ce dont il ne faut pas douter, c'est qu'il aima encore après, et même en plusieurs lieux bien divers. « Son tempérament le portait assez à l'amour, mais jamais au libertinage et rarement aux grands attachements. » Voilà ce qu'a dit Fontenelle, qui avait sur cela des souvenirs de famille que ne dément en rien ce que nous savons de la vie de Corneille. Comme il arrive pour les gens de forte imagination, il y avait en lui, à première vue, ce qu'on pourrait appeler des surprises d'amour, des coups de foudre de sympathie. Il se sentait pris et ne réfléchissait pas, sachant bien d'ailleurs qu'une nouvelle émotion viendrait bientôt le délivrer des liens de la première. On peut juger des vrais sentiments d'un poëte par ceux qui reviennent le plus souvent et le plus naturellement dans ses vers ; or en maint endroit des pièces de Corneille, on voit reparaître cette idée sur les soudaines sympathies dont son cœur connaissait si bien la puissance ; et chaque fois les vers qui l'expriment coulent avec cette facilité douce et cette persuasion émue qui indiquent toujours chez le poëte une impression ressentie.

Une première fois, dans une ode qui fait partie de ses *Meslanges poétiques*, il chanta cette puissance du *prompt amour* qui naît d'un regard ou d'un mot ; puis, ne pouvant se détacher de cette pensée de fascination amoureuse, dont moins que toute autre une imagination comme la sienne et un cœur comme le sien étaient en état de se défendre, il écrivit, dans sa première pièce à grande passion, dans *Médée* [1] :

Souvent je ne sais quoi, qu'on ne peut exprimer,
Nous surprend, nous emporte et nous force d'aimer.

Plus tard, comme l'âge n'avait pas attiédi chez lui cette douce idée et comme il ne la retrouvait même que plus éloquente dans son cœur, il la traduisit de nouveau dans ces vers, les plus charmants de ceux qui aient survécu à la *Suite du Menteur* [2]. C'est une femme, c'est Mélisse qui parle :

Quand les ordres du ciel nous ont faits l'un pour l'autre,
Lyse, c'est un accord bientôt fait que le nôtre;
Sa main entre les cœurs, par un secret pouvoir,
Sème l'intelligence avant que de se voir;
Il prépare si bien l'amant et la maîtresse,
Que leur âme au seul nom s'émeut et s'intéresse;
On s'estime, on se cherche, on s'aime en un moment,
Tout ce qu'on s'entre-dit persuade aisément,
Et, sans s'inquiéter d'aucunes peurs frivoles,
La foi semble courir au-devant des paroles;
La langue en peu de mots en explique beaucoup,
Les yeux, plus éloquents, font voir tout d'un seul coup,
Et, de quoi qu'à l'envi tous les deux nous instruisent,
Le cœur en entend plus que tous les deux n'en disent.

Enfin, une dernière fois, dans *Rodogune* [3] il revint encore à cette pensée, et mieux que jamais il sut l'exprimer par ces vers, qui sont dans toutes les mémoires :

Il est des nœuds sacrés, il est des sympathies
Dont, par le doux rapport, les âmes assorties
S'attachent l'une à l'autre et se laissent piquer
Par ce je ne sais quoi qu'on ne peut expliquer.

1. Acte II, scène VI.
2. Acte IV, scène I.
3. Acte I, scène VII.

Corneille eut-il en amour ce bonheur dont son cœur si facilement tendre avait tant besoin, et que sa prédisposition aux passions soudaines lui rendait, pour ainsi dire, nécessaire? Lui, qui d'élan naturel, aimait si aisément partout, fut-il aimé quelque part? Je n'en puis douter, mais je suis bien sûr aussi que sa passion n'eut que bien rarement satisfaction entière. Si son cœur allait d'élan à la personne soudainement aimée, savait-il de même l'attirer à lui? Avait-il l'éloquence aussi bien qu'il avait l'amour? Hélas, non! lui-même nous l'a dit, il se laissait aisément charmer, mais en sa jeunesse il ne savait pas rendre la pareille. Ses dehors n'étaient pas d'un galant, et ce qu'il avait dans l'âme, arrivant avec moins de peine à sa plume qu'à ses lèvres, se traduisait pour ainsi dire avec plus de facilité en vers qu'en simples paroles. Il bégayait un peu, même en lisant; « il barbouillait ses pièces à la lecture », comme Boisrobert le lui dit un jour en riant[1]; et qui plus est, il avait gardé un accent normand[2] qui ne devait pas, à Paris, le mettre en grande faveur chez les élégants du langage raffiné. Sa prononciation, qui, Fontenelle en convient lui-même, « n'était pas tout à fait nette », dut être une des raisons qui le firent renoncer à la carrière du barreau, bien que dès l'âge de dix-huit ans, en 1623, il eût été reçu avocat au parlement de Rouen. Elle ne lui fit pas gagner dans la galanterie les causes qu'elle lui aurait fait perdre au Palais; car l'amour, aussi difficile qu'un vieux juge, veut qu'on lui parle franc, et repousse tout amant qui bégaye. C'était le défaut de Corneille; s'il ne l'avait eu de nature, la timidité, sans laquelle le génie ne va presque jamais, le lui eût certainement donné. Qu'on joigne à cela le peu de soin qu'il avait de son habillement, et qui faisait dire à chacun, comme à

1. *Segraisiana*, p. 65-66.
2. Grimarest, *Traité du récitatif*, 1707, in-8, p. 137.

Vigneul Marville : « M. Corneille se néglige trop » ; qu'on se rappelle qu'il était, de l'aveu de Fontenelle, volontiers taciturne d'humeur un peu brusque et rude, et l'on comprendra qu'il n'eût près des femmes que de difficiles avantages. Il n'arrivait à leur cœur que par l'admiration.

En matière d'amour je suis fort inégal,
J'en écris assez bien et le fais assez mal ;
J'ai la plume féconde et la bouche stérile,
Bon galant au théâtre et fort mauvais en ville,
Et l'on peut rarement m'écouter sans ennui
Que quand je me produis par la bouche d'autrui.

Ces vers, bien connus, furent faits par Corneille à l'époque la plus glorieuse de sa vie, après qu'il eut écrit le *Cid*, et au moment par conséquent où, jeune encore, ayant eu ce succès immense, il pouvait prétendre à beaucoup d'autres, même en amour. Ils lui manquèrent de ce côté-là, ce petit fragment en est l'aveu. Il courut le monde. Vingt ans après, en 1659, quand Fouquet tâcha d'attacher Corneille à la cour, on en parlait encore. Le surintendant voulut le connaître et le fit demander au poëte par Pellisson. Il lui semblait curieux de mettre dans sa cassette, auprès des témoignages de ses nombreux bonheurs en amour, auprès de ses propres trophées, cet aveu de défaite écrit par un homme qui aurait dû cependant espérer aussi bien des victoires. Corneille s'exécuta. « Voilà, Monsieur, écrivit-il à Pellisson en lui envoyant ses vers, une petite peinture que je fis de moi-même il y a près de vingt ans. Je ne vaux guère mieux à présent. Quoi qu'il en soit, Monsieur le surintendant a voulu savoir ces six vers, et je ne suis pas fâché de lui avoir fait voir que j'ai toujours eu assez d'esprit pour connaître mes défauts, malgré l'amour-propre qui semble être attaché à notre métier. »

Si l'on se reporte au temps assez court pendant lequel

Corneille fut dans la faveur du surintendant Fouquet, on verra que ce billet à Pellisson doit être de 1659 ou de 1658 au plus tôt; or, à cette époque, Corneille, chez qui le cœur fut ce qui vieillit le moins vite, était engagé dans une passion pour laquelle, n'ayant plus les avantages de la jeunesse, il devait souhaiter d'avoir enfin le bien dire en amour. Par malheur, lui-même vient de l'avouer, il ne valait en cela guère mieux que vingt ans auparavant. Près de celle qu'il aimait alors, l'éloquence de ses œuvres aurait dû suffire il est vrai, pour peu qu'avant de se fixer dans sa mémoire, les vers à réciter se fussent arrêtés dans son cœur : c'était une comédienne, c'était la Du Parc, cette grande dame du théâtre, si bien reine à la scène et surtout si bien marquise à la ville que le nom lui en resta.

Elle fut la passion de tous les poëtes d'alors, et des plus grands, car, sans compter Sarrasin, qui la courtisa de très-près pendant un séjour qu'elle fit avec Molière et le reste de sa troupe à la Grange-des-Prés, en Languedoc, chez M. le prince de Conti, elle eut pour adorateurs : d'abord, Molière, qui longtemps se partagea entre elle, Mlle de Brie et la Béjard ; la Fontaine, que ses grands airs de marquise n'effarouchèrent pas trop ; Racine, qui ne fut tout à la Champmeslé qu'après avoir été tout à elle, et qui même, abusant du pouvoir qu'il avait sur son esprit, la fit complice de sa propre ingratitude pour Molière, en l'enlevant de son théâtre pour la faire passer à l'hôtel de Bourgogne au moment de son *Andromaque;* enfin Corneille lui-même, qui, l'ayant vue jouer à Rouen dans les représentations que Molière y donna vers les fêtes de Pâques de 1658, se déclara tout à coup, avec cette soudaineté d'amour que nous lui connaissons, l'adorateur le plus ardent de sa beauté, l'admirateur le plus passionné de son talent [1].

1. *Mss.* de Conrart, in-4°, t. IX, p. 311.

Ce que Racine devait faire plus tard, quand, au grand déplaisir de Molière, il enleva la Du Parc à sa troupe, Corneille nous paraît l'avoir fait le premier. Il lui déplut qu'une comédienne de ce talent et de cette beauté, qu'une si magnifique reine de théâtre se morfondît parmi des acteurs errants, et que Paris ne pût admirer ce qui, pour mille raisons, méritait mieux que des applaudissements de province. Il se fâcha surtout de voir qu'ayant tant de qualités tragiques, la Du Parc se trouvât dans une troupe, avant tout comique et même bouffonne, où la tragédie était jouée fort peu ou fort mal. Quand Molière, peu de temps après, se fut établi à Paris, mais sans théâtre fixe encore, ce qui n'enlevait pas à sa troupe son caractère de troupe nomade, Corneille lui laissa jouer quelques-unes de ses pièces[1] : *Nicomède*, qui servit au début des nouveaux comédiens devant le roi, dans la salle des Gardes du Louvre, et qui obtint, à ce qu'il paraît, un certain succès ; puis encore *Héraclius*, dont, pour Molière au moins, la chute fut complète. « Il réussit, dit un contemporain[2], si mal la première fois qu'il parut à la tragédie d'*Héraclius*, dont il faisait le principal personnage, qu'on lui jeta des pommes cuites qui se vendoient à la porte, et il fut obligé de quitter. »

Il n'y avait pas là de quoi encourager Corneille dans ses

1. Il n'aurait pu d'ailleurs l'empêcher de les représenter, car, du moment qu'une pièce de théâtre était imprimée, tout directeur de troupe pouvait s'en emparer et la faire jouer par ses acteurs. C'est ainsi qu'en 1662 Molière put donner le *Sertorius*, bien que peu de mois auparavant il eût été représenté par les comédiens du Marais. Nous n'avons donc pas commis d'invraisemblance dans notre comédie en faisant jouer *Horace* chez Molière, quoique d'origine cette pièce eût appartenu à l'hôtel de Bourgogne. Quant à la pièce de Boyer, *Oropaste, ou le Faux Tonaxare*, c'est bien chez Molière qu'il fut joué d'abord, comme on le verra plus loin.

2. Auteur de la *Clé des Caractères* de La Bruyère, dont un manuscrit existe à la bibliothèque de l'Arsenal. Il y mit, dans l'article sur Molière, cette anecdote, qui, je crois, n'est pas ailleurs.

idées de protection pour Molière, et de quoi le consoler du regret qu'il avait de voir la belle tragédienne Du Parc fourvoyée chez des gens si maladroitement tragiques. Nous ne savons pas positivement ce qu'il pensait lui-même à ce sujet, mais, ce qui vaut autant, nous connaissons l'opinion de son frère Thomas, et vous allez voir qu'elle n'était pas des plus favorables à MM. de Bourbon, ainsi que Thomas appelait Molière et ses comédiens, parce que leur théâtre, en camp volant, était alors au Petit-Bourbon.

« J'ai, écrit-il à l'abbé de Pure pour lui parler d'une pièce et d'un auteur qui l'un et l'autre nous sont inconnus, j'ai eu bien de la joie de ce que vous avez écrit d'*Oreste et Pylade*, et suis fâché en même temps que la haute opinion que M. de Cléville avoit du jeu de MM. de Bourbon n'ait pas été remplie avantageusement pour lui. Tout le monde dit qu'ils ont joué détestablement sa pièce; et le grand monde qu'ils ont eu à leur farce des *Précieuses*, après l'avoir quittée, fait bien connoître qu'ils ne sont propres qu'à soutenir de pareilles bagatelles, et que la plus forte pièce tomberoit entre leurs mains. »

Cette lettre est du 1er décembre 1659. Or, à cette époque, la Du Parc et son mari avaient abandonné Molière[1] et jouaient au Marais. L'influence de Corneille avait-elle été pour quelque chose dans cette désertion? Je ne pourrais l'assurer; mais ce dont je suis certain, c'est que si l'on n'avait chez Corneille qu'une très-mince estime pour les comédiens de Molière, en revanche on y prisait fort les acteurs du Marais. Thomas leur donnait ses nouvelles pièces, et Pierre les chargeait de reprendre ses anciennes, en attendant qu'il pût, lui aussi, leur en faire jouer de nouvelles; ce que Tallemant lui reproche, je ne sais pourquoi, sur un

1. Taschereau, *Histoire de la vie et des ouvrages de Molière*, 3e édition, p. 25.

ton assez amer [1]. La cause, quelle qu'elle fût, qui avait engagé la Du Parc à passer au théâtre du Marais ne fut pas assez forte pour l'y faire rester. L'année d'après, elle retourna chez Molière, et l'admiration de Corneille l'y suivit. On lui donna le rôle de la Nuit dans la reprise des *Amours de Diane et Endymion*, par Gilbert, et le plus flatteur éloge qu'elle y obtint fut celui de notre poëte, qui fit pour elle huit vers des plus galants, que Sercy s'empressa d'imprimer dans son prochain recueil [2]. Nous les donnerions ici, s'ils n'étaient partout.

Cette persistance de galanterie de la part de Corneille à l'égard de la Du Parc, jointe à ce que nous avons dit de l'influence qu'il dut exercer sur elle pour la déterminer à passer un moment dans la troupe du Marais, prouverait peut-être qu'il eut sur son esprit plus d'empire qu'on ne l'a pensé, et que malgré ses cinquante-quatre ans bien sonnés, il n'y eut pas pour lui que des rebuts dans cet amour. Aussi, malgré l'autorité d'une note du *Recueil* de Conrart [3], suis-je tenté de croire que l'élégie :

Allez, belle marquise, allez en d'autres lieux,

toute remplie des plaintes d'un Cléandre amoureux dédaigné, ne fait peut-être pas allusion aux mépris trop altiers de la Du Parc pour Corneille. Ce qui surtout m'engage à le croire, c'est que cette pièce, publiée d'abord en feuille volante [4], portait un titre qui dérange singulièrement l'opinion émise dans la note de Conrart. Le voici : *Sur le départ de madame la marquise de B. A. T.* Comment concilier avec le nom de la Du Parc ces initiales, qui furent main-

1. Édit. P. Paris, t. VII, p. 174.
2. *Recueil* de Sercy, 5e partie, p. 82.
3. T. IX, p. 311.
4. C'est ce que dit et prouve l'abbé Granet dans son édition des *Œuvres diverses de P. Corneille*, 1738, in-8, p. 194.

tenues dans le *Recueil* de Sercy [1], lorsqu'en 1666 l'élégie y fut reproduite? Je l'ai cherché sans y parvenir, et suis resté dès lors presque persuadé que ce n'est pas de la charmante marquise de théâtre qu'il est question dans cette pièce, où, ce qui serait surprenant s'il s'agissait d'elle, rien ne fait d'ailleurs allusion à l'art qu'elle exerçait ni à son talent de comédienne. Quant à une autre pièce plus courte et plus célèbre, qu'on dit avoir été aussi inspirée à Corneille par les dédains de la Du Parc, et dans laquelle rien ne trahit non plus qu'une personne de théâtre puisse en être l'objet, nous tâcherons de prouver tout à l'heure, à son moment, qu'elle fut faite en des circonstances bien différentes et sous une tout autre inspiration.

Comment finit la passion de Corneille pour la Du Parc? je ne saurais le dire; mais ce qui me semble assuré, c'est que moins de deux ans après il était dégagé. En novembre 1661, il est retourné à son cher théâtre du Marais, bien que la Du Parc n'y soit pas revenue, et il lui destine une pièce, bien que son actrice préférée ne puisse pas y jouer un rôle. Cette pièce est *Sertorius*. Comme toutes les autres, c'est à Rouen qu'il l'écrit, dans le silence inspirateur de sa petite maison de la rue de la Pie. A peine a-t-il terminé un acte, qu'il l'adresse aux comédiens, avec prière de l'examiner de leur mieux, et de la faire lire aux personnes qui pourraient, sur ses défauts ou ses mérites, les éclairer de leurs lumières.

C'était une vieille habitude de modestie et de défiance de soi-même à laquelle il n'avait jamais manqué. Lorsqu'il était à Paris, il allait lisant partout lui-même ses ouvrages commencés; les essayant, comme eût dit Scarron, dont c'était aussi la coutume, et quel que fût le juge auquel il s'adressât ainsi, lui demandant non des compliments, mais des con-

1. 5e partie, p. 76.

seils. C'était alors à qui l'aurait, et les gens du bel air, dont le jugement ne devait pas lui être d'une utilité bien grande, tiraient vanité d'avoir eu chez eux Pierre Corneille leur faisant connaître sa pièce encore inconnue, et de lui en avoir dit leur avis. « Je viens, dit un fat de littérature mis en scène par l'Angevin La Pinelière dans son rarissime livret *le Parnasse, ou le Critique des poëtes* [1], je viens de saluer M. Corneille, qui n'arriva qu'hier de Rouen; il me promit que demain nous irions voir ensemble M. Mairet, et qu'il me fera voir des vers d'une excellente pièce de théâtre qu'il a commencée. » Or, comme le livre de La Pinelière est de 1635, cette pièce, dont notre sot prétend que Corneille lui a promis la lecture, n'était pas moins que la *Médée,* qui en effet s'achevait alors et fut jouée la même année. Dans les *Fâcheux*, de Molière [2], un autre fat tient le même langage. *Je sais*, dit-il,

Je sais par quelles lois un ouvrage est parfait,
Et Corneille me vient lire tout ce qu'il fait.

Ce trait dut amuser Fouquet, chez qui se jouaient les *Fâcheux*, et qui lui-même avait alors réellement les premières confidences des pièces de Corneille, réengagé par ses encouragements dans la voie du théâtre, après six ans d'un invincible dégoût dont avait été cause la chute de *Pertharite* en 1653 [3]. Molière montrait ainsi au surintendant que le plus haut désir d'un homme visant au grand seigneur était

1. *Dédié à monseigneur le marquis du Bellay*, Paris, 1635, in-8, p. 61. — Les frères Parfaict, en citant ce livre, se sont trompés sur le nom de son auteur, qu'ils ont appelé *La Piralière;* et depuis lors plusieurs écrivains, qui ne citaient que d'après eux, ont commis la même erreur. C'est la première fois que La Pinelière reprend son vrai nom. Nous verrons tout à l'heure qu'il était ami de Corneille.

2. Acte I, scène I.

3. Chéruel, *Mémoires sur Fouquet*, t. I, p. 427-428.

d'avoir ce que lui-même avait avant tout le monde, et sa vanité de Mécène parvenu n'en devait pas être médiocrement flattée.

Corneille allait aussi lire ses pièces à l'hôtel Rambouillet, qui eut ainsi la primeur de *Polyeucte,* dont le mérite n'y fut pas senti, bien que, par plus d'un point, Pauline fût en sympathie avec la délicatesse des sentiments dont l'étude était de mode chez Arthénice. Comme précieuse, ont l'eût admise; comme chrétienne, on la repoussa du Salon bleu, et après cet arrêt, que Voiture lui fit connaître avec tous les détours qu'il savait prendre quand il flattait et mieux encore lorsqu'il ne flattait pas, Corneille fut sur le point de retirer *Polyeucte* des mains des comédiens. Il fallut que l'un d'eux, qui n'était cependant pas des plus habiles, le rassurât sur l'avenir de sa tragédie, et cassât net, par quelques mots de jugement sincère, la sentence doucereuse du bleu prétoire. Corneille s'en était voulu un moment d'avoir fait ce chef-d'œuvre; mais, bonhomme, il n'en voulut jamais aux beaux esprits qui l'avaient condamné [1].

Chez la Rochefoucauld et chez le cardinal de Retz, lorsque, pendant l'hiver de 1672, Corneille y fit lecture de sa *Pulchérie* devant un monde dont la distinction d'esprit ne peut être mise en doute, puisque l'on connaît le nom de ceux qui le recevaient et puisque l'on sait aussi que Mme de Sévigné et Mme de la Fayette faisaient partie du cercle [2], il eut une meilleure fortune. L'une et l'autre maison étaient au reste fort bien choisies pour qu'il y obtînt un succès. Ce n'est pas chez la Rochefoucauld, dont un dernier amour plus d'esprit que de cœur il est vrai, ranimait la goutteuse

1. Nous ne parlerons pas de l'anecdote du manuscrit de *Polyeucte* oublié pendant dix-huit mois, par un comédien, sur un ciel de lit! M. Taschereau en a déjà fait justice.

2. V. ses lettres du 15 janvier et du 9 mars 1672.

vieillesse ; ce n'est pas non plus chez le cardinal de Retz, désabusé de tout, hormis de l'ambition, que l'on se fût avisé de trouver invraisemblable et ridicule le vieux Martian partageant sa dernière saison entre les soins de l'ambition et ceux de l'amour. Par malheur, il arrive souvent que le public ne ratifie pas les approbations des cercles, les enthousiasmes de petit comité : *Pulchérie*, acclamée chez la Rochefoucauld et chez le cardinal de Retz, fut accueillie froidement au théâtre ; c'était la douloureuse contre-partie de *Polyeucte*, condamné chez Arthénice et triomphant à l'hôtel de Bourgogne.

Entre autres maisons qui me semblent avoir eu la primeur des pièces de Corneille était l'hôtel de ce comte de Fiesque dont les loisirs, avant la Fronde, où son rôle fut moins intelligent [1], se dépensaient dans la protection des lettres et les plaisirs du théâtre. Il avait, plus qu'aucun, encouragé Mairet [2] ; Rotrou l'avait pour Mécène et lui dédiait sa *Diane* [3] ; Sarrasin, qu'il avait admis au nombre de ses plus chers familiers, lui écrivait des épîtres-gazettes pour le tenir au fait, pendant ses absences de Paris, de tout ce qui s'y passait de curieux dans le monde de l'esprit [4] ; et Corneille, se faisant gai pour l'égayer, amusant pour l'amuser, ne croyait pas déroger par des rimes de ballet et de mascarade que le comte lui avait demandées. C'est pour lui qu'il fit une partie du *ballet du Château de Bicêtre*, dans lequel M. de Fiesque représentait un diable [5], et pour lui peut-être encore qu'il rima la part la plus comique et la meilleure

1. C. Moreau, *Bibliogr. des Mazarinades*, t. I, p. 218; II, p. 88.

2. V. la préface de la *Diane* de Rotrou, 1630, in-8.

3. *Id.*, *ibid.* — V. aussi l'*Histoire du théâtre français* des frères Parfaict. t. IV, p. 506, et Guizot, *Corneille et son temps*, p. 366.

4. *Œuvres de Sarrasin*, 1696, pet. in-8, p. 383-385.

5. *Œuvres diverses*, 1738, in-8, p. 128.

de cette *mascarade des Enfants gâtés*[1] dont on n'a publié que des fragments[2].

Corneille, à l'hôtel de Guise, était mieux vu encore que chez M. de Fiesque. Nous l'y trouverons tout à l'heure hébergé de la façon la plus hospitalière, à chaque voyage qu'il faisait à Paris. La lecture de ses œuvres en primeur, et quelques sonnets à la louange du Mécène ravi[3], payaient largement son écot. Assez friand des éloges et, comme tous ceux qui les aiment, les trouvant bons de quelque part qu'ils vinssent, il faisait cas des applaudissements que lui valaient ces lectures dans les salons et dans les ruelles ; mais ils étaient toujours bien plutôt un encouragement pour sa timidité, un aiguillon pour sa défiance de lui-même, qu'un enivrement d'amour-propre. Même en ces réunions à l'attention mondaine, c'est-à-dire futile, Corneille épiait les utiles conseils sous les approbations banales, et maintes fois il en trouvait ; mais c'est en d'autres maisons plus modestes et plus sérieuses qu'il rencontrait surtout ce qu'il cherchait ainsi. S'il y récoltait moins d'éloges, il y glanait plus fructueusement de bons avis pour salaire de ses lectures.

Son éducation de poëte ne se fit même pas d'une autre manière. Nous avons vu qu'il était entré dans les lettres presque par hasard, sans parti pris et par conséquent sans préparation. Il ne savait pas que l'art avait des règles, et il s'en passait. Ce fut un bonheur pour ses premières œuvres, qui purent ainsi développer sans entrave l'originalité qui est leur principal mérite, et qui fit leur fortune ; mais pour qu'il grandît et devînt complet, pour qu'il eût vraiment toute sa force

1. *Œuvres diverses*, 1738, in-8, p. 124.

2. Biblioth. impér., fonds La Vallière, n° 177, portefeuille 4.

3. On en trouve un dans les *Œuvres diverses*, p. 147, qu'il écrivit pour le duc, encore jeune. Un autre dont parle Mézeray dans une lettre-gazette du 10 juillet 1664, publiée pour la première fois dans la *Revue française*, 20 juillet 1859, p. 568, n'a pas été retrouvé.

il lui fallait subir la domination des règles et du goût. Il l'accepta volontiers, mais non pas toutefois sans une certaine surprise. A chaque voyage qu'il faisait à Paris, il prenait, tout étonné, une leçon de cet art pour lequel il avait cru d'abord que le simple sens commun devait suffire[1], et, où l'on peut dire qu'il fût maître avant d'être élève.

Comme Pascal, qui, n'ayant pas les Calculs d'Euclide, sut y suppléer en les inventant, Corneille, par la seule force du sens commun, base première et vigoureuse de son génie, s'était initié de lui-même à deux règles fondamentales : celle de l'unité d'action et celle de l'unité du lieu[2]. La troisième manquait. Il lui fallut, pour l'apprendre, une visite aux doctes de Paris, qui ne trouvaient guère à redire que cela dans la comédie de *Mélite*, mais pour qui c'était, il est vrai, un gros crime. Lui-même, avec une ingénuité parfaite, nous dit, dans l'examen de son *Clitandre*, comment il se renseigna sur ce point et se remboursa de ses frais de route par cette heureuse acquisition. « Un voyage, dit-il, que je fis à Paris pour voir le succès de *Mélite* m'apprit qu'elle n'étoit pas dans les vingt-quatre heures. » Il se le tint pour dit, et depuis lors, docile écolier, il ne fit plus la moindre faute contre cette règle acceptée. Après le *Cid*, il fut de moins bonne composition. On lui fit, à l'Académie, et chez l'abbé d'Aubignac, etc., tant de chicanes à propos de ce chef-d'œuvre, et toutes au nom d'Aristote, qu'il en vint à douter d'une autorité transformée en un joug si ridicule. On avait fait du maître un tel tyran, que ne croyant plus en lui, il aimait mieux déserter le théâtre qu'accepter toutes les chaînes dont on voulait l'y charger, comme en une galère.

De là son long silence, après son premier grand triomphe, pendant les quatre années qui s'écoulèrent entre le *Cid*,

1. V. l'examen qu'il fit de sa *Mélite*.
2. *Idem.*

joué en 1636, et *Horace*, représenté en 1640. « Il ne fait plus rien, » dit Chapelain à Balzac, au mois de janvier 1639, dans une lettre qui fut longtemps inédite; puis, après avoir parlé de ses efforts pour l'engager à reprendre ses travaux et à se venger ainsi de Scudéry et de tous les détracteurs du *Cid*, Chapelain ajoute : « Il n'y a pas moyen de l'y résoudre. Il ne parle plus que des règles.... mettant au reste Aristote entre les auteurs apocryphes, lorsqu'il ne s'accommode pas à ses imaginations. »

Plus tard, il revint à l'obéissance complète. Aristote, dont on lui avait voulu imposer le despotisme, étant redevenu tout simplement un maître, il cessa volontiers sa révolte et se soumit avec plus de douceur que jamais. Lorsque, pour la grande édition de ses œuvres publiée in-folio, en 1663 et 1664, il écrivit ses trois discours du *Poëme dramatique*, de la *Tragédie* et de ses *trois unités*, il était tout à fait rentré dans la soumission et, qui plus est, il se laissait de fort bon cœur donner à ce sujet des leçons de grec, pour le sens de certains mots, mal compris par les interprètes qu'il avait lui-même trop fidèlement suivis. C'est ainsi qu'il eut un soir, après avoir dîné avec Urbain Chevreau, un long entretien sur l'interprétation d'un mot du texte d'Aristote, jusqu'alors traduit à contre-sens, et pour lequel il se rendit à l'opinion de son docte interlocuteur, qui du reste avait pour lui, comme renfort, l'autorité de Dacier [1].

Urbain Chevreau était de ceux à qui Corneille faisait le plus volontiers connaître d'abord les vers qu'il voulait essayer. Ce même jour, au sortir de table, il lui avait fait ainsi une petite confidence poétique. « Il me demanda, dit Chevreau, mon sentiment sur quelques vers qu'il me récita et

1. *Chevræana*, 1697, in-8, p. 95-98. « Corneille savait peu ou point de grec; d'Aubignac le lui reprocha (4e *Dissert.*); aussi n'a-t-il traité que des sujets romains. Racine, au contraire, digne élève de Port-Royal, était bon Grec, et préféra les sujets grecs. Boileau les lui avait conseillés, pour qu'il n'imitât pas Corneille. » *Mémoires* de Brossette, édit. Laverdet, p. 520.

que je louai fort. » D'autres fois, c'est à Brébeuf qu'il s'adressait. Il le voyait tantôt à Paris, tantôt à Rouen; il le consultait toujours avec plaisir, souvent même avec profit, lorsque, s'en tenant aux bons modèles, le traducteur de la *Pharsale* ne faisait pas trop vivement partager au poëte de la *Mort de Pompée* son admiration excessive pour Lucain.

Brébeuf était pauvre comme Corneille, peut-être même plus que lui [1], si bien que s'il n'y avait pas eu entre eux confraternité de poésie, il y aurait eu du moins sympathie de misère. Chez d'autres amis, Corneille trouvait plus de fortune, mais non moins d'intelligence, de vive admiration pour ses œuvres. Ainsi le riche marchand Lucas, qui, après s'être acquis à Rouen une somptueuse aisance, était venu suivre à Paris l'éducation que son fils dépensa en de célèbres voyages, se trouvait très-fier des communications que Corneille voulait bien lui faire de ses ouvrages [2]. Son esprit, qui ne s'était ni rouillé ni gâté dans le commerce, était même parfois un bon conseiller pour le poëte. Tout marchand qu'il fût, il s'était fait connaître pour habile homme par tout ce qu'il y avait d'habiles gens à l'Académie [3]; et Corneille ne recherchait pas son entretien avec moins d'empressement que celui du P. Lucas, son frère, bon poëte latin, dont en 1676 il traduisit une ode en vers français [4]. M. Lucas et Brébeuf comptaient donc parmi « les plus illustres amis » de la famille Corneille, ainsi que Thomas l'écrivait un jour à l'abbé de Pure [5].

Il aurait aussi pu mettre du nombre l'excellent Louis Petit, assez bon poëte et meilleur ami. Il était si dévoué à Corneille, que, malgré ce qui l'attachait à Rouen, sa ville

1. V. le curieux article sur Brébeuf de M. G. de Montigny, dans la *Revue de Paris* du 21 nov. 1841, p. 194.

2. Boursault, *Lettre nouvelle*, t. II, p. 176.

3. *Id.*, *ibid.*

4. *OEuvres diverses de P. Corneille*, p. 37.

5. Lettre du 4 avril 1659.

natale, où il était receveur des domaines, il quitta tout, emploi et famille, pour le suivre à Paris, lorsqu'en 1662, comme nous le verrons, Corneille eut pris la résolution d'y aller vivre [1]. Jusqu'à la mort du poëte, c'est-à-dire pendant vingt-deux années encore, ils vécurent dans l'intimité la plus suivie; voisins l'un de l'autre dans le quartier Saint-Honoré, la *Normanie*, comme on l'appelait dans le langage des *Précieuses* [2], se voyant sans cesse, soit qu'ils se fissent mutuellement visite, soit par rencontre dans les ruelles fameuses. Corneille, qu'on appelait *Cléocrite l'aîné* [3], lisait ses vers en ces bureaux d'esprit galant et y entendait discuter sur ces œuvres, notamment sur l'*Œdipe* [4]; tandis que Louis Petit suivait de l'œil les essais plus modestes de sa nièce, jeune précieuse mathématicienne et poëte, qu'on appelait *Panthée* en ces réunions, parce qu'entre autres talents, « sans rien perdre de l'agrément, de la douceur et de la civilité de son sexe, » comme dit Somaize, elle avait l'art « de faire un coup d'épée aussi bien qu'un homme [5]. »

Après la mort de Corneille, Petit, qui n'était venu, n'avait guère vécu à Paris que pour son ami, s'ennuya dans la grande ville, devenue pour lui un désert. Il retourna vivre à Rouen, et là, fidèle à une amitié qui allait jusqu'au culte, il voulut se dévouer à la mémoire de celui dont la perte avait dépeuplé sa vie. Il se fit l'éditeur des œuvres de Corneille. Puis, pensant un peu à lui-même, après cet hommage à son ami, il réunit, en un petit volume [6], une douzaine de satires qu'il avait faites jadis, et dans lesquelles je ne sais quel souffle cornélien qui par endroits y passe et y circule semble

1. Viollet-Le-Duc, *Biblioth. poétique*, 1re partie, p. 603.
2. Somaize, *Dict. des Prétieuses*, édit. Livet, t. I, p. 192.
3. *Id.*, *ibid.*, 94.
4. *Id.*, *ibid.*, 84.
5. *Id.*, *ibid.*, 192-193.
6. *Discours satiriques et moraux*, Rouen, 1686, in-12.

le récompenser de sa belle amitié pour le grand poëte et de son admiration, assez forte pour être à son tour une muse.

En souvenir des jours de bel esprit où Corneille et lui s'étaient rencontrés à l'hôtel Rambouillet, Petit dédia son volume à M. le duc de Montausier, qui, lui, aussi avait été des amis et des admirateurs du poëte, mais dont l'admiration, prompte à se blaser, comme il arrive d'ordinaire chez les grands, avait fait place à je ne sais quel dédain grondeur qui blessa plus d'une fois, par ses boutades, la vieillesse du grand homme. « Monsieur Corneille, lui aurait-il dit un jour, s'il fallait en croire Bayle [1], après la représentation de *Suréna*, j'ai vu le temps que je faisois d'assez bons vers; mais, ma foi, depuis que je suis vieux je ne fais rien qui vaille. Il faut laisser cela pour les jeunes gens. » M. de Montausier, qui cette fois aurait pu se dispenser de jouer à l'Alceste par un brutal étalage de franchise, avait d'autant moins raison d'affliger par cette saillie Corneille à son déclin, qu'en blessant le poëte il se flattait lui-même. Dire qu'en son temps il avait fait de bons vers, et se mettre ainsi de plain-pied avec le génie de Corneille, c'était, il faut convenir, une présomption singulière. Si le poëte avait eu ce qui lui manquait trop, quelque promptitude à la riposte, il aurait pu répondre à M. de Montausier par deux vers de la pièce même qui lui valait cette désobligeante apostrophe. *J'ai vécu*, aurait-il dit à M. le duc, remis ainsi dignement à sa place, sans avoir pourtant l'affront d'un démenti,

> J'ai vécu pour ma gloire autant qu'il fallait vivre,
> Et laisse un grand exemple à qui pourra le suivre.

On avait ailleurs pour Corneille vieillissant une plus respectueuse sympathie. Au lieu de lui faire trop sentir ce

1. *Lettres*, 1729, in-12, t. I, p. 61.

qu'il était devenu avec le déclin de l'âge, on se plaisait à lui montrer, par d'affectueux hommages, qu'on se souvenait toujours de ce qu'il avait été, et qu'aux yeux de ses vrais admirateurs il n'y avait pas de prescription pour une gloire comme la sienne. Un jour, qu'il se trouvait dans une société de beaux esprits, la jolie Mlle Serment, qui commençait à devenir une muse à la mode, et ne préludait pas à ses propres succès par un fier dédain pour celui des autres, s'approcha respectueusement du poëte, silencieux dans son coin, lui prit la main et y déposa toute tremblante ce baiser de l'admiration dont une reine de France avait jadis honoré les lèvres d'Alain Chartier endormi. Il alla jusqu'au cœur de Corneille, et son esprit aussitôt réveillé remercia l'aimable jeune fille par deux de ces madrigaux[1] mêlés de galanterie et de sentiment qui étaient alors la menue monnaie du cœur et de l'esprit. C'est la main gauche du poëte que, par une involontaire méprise, Mlle Serment avait baisée, et là-dessus mille plaisanteries du cercle, et de la part de Corneille, dans le premier de ses deux madrigaux, deux ou trois vers flatteurs donnant à la main effleurée par cette bouche charmante la préférence sur l'autre, la droite, qui « avait mis au jour un million de vers. » Mlle Serment ne pouvait se dispenser de répondre, sans compromettre sa dignité de jeune muse ; elle répliqua donc par quelques vers qui seront d'autant mieux placés ici, qu'on les a oubliés presque partout[2] :

> Si vous parlez sincèrement
> Lorsque vous préférez la main gauche à la droite,

1. Le premier, publié d'abord dans le *Recueil* de Sercy, fut reproduit par l'abbé Granet dans le volume des *Œuvres diverses*, 1738, in-12, p. 208. L'autre, qui vaut mieux, fut donné pour la première fois dans le *Mercure* de février 1810, p. 327.

2. Ils furent publiés pour la première fois par l'abbé Granet, p. 209, et n'ont presque jamais été reproduits depuis.

De votre jugement je suis mal satisfaite.
Le baiser le plus doux ne dure qu'un moment;
Un million de vers dure éternellement,
Quand ils sont beaux comme les vôtres;
Mais vous parlez comme un amant,
Et peut-être comme un Normand :
Vendez vos coquilles à d'autres.

Corneille resta l'ami de Mlle Serment, qui de son côté ne se départit jamais de sa vive admiration pour lui. Lorsque le jeune Claude Genest, qui demeurait dans la même maison, sur le même palier, vint un jour, car il croyait se sentir poëte, lui demander la charité de quelques bons conseils sur cet art des vers dans lequel on la disait maîtresse, elle eut la modestie de ne lui pas faire lire ses poésies et le bon goût de le renvoyer à celles de son ami Corneille. Elle lui fit apprendre tout le *Cid* par cœur [1]. Cette réciproque amitié de Corneille et de la Muse précieuse n'alla-t-elle pas jusqu'à l'amour? Non, j'en jurerais. Mlle Serment n'eut qu'une amitié qui alla jusque-là, c'est celle qui, pendant de longues années, l'unit à Quinault; encore faut-il, pour croire à cette intimité, s'en rapporter seulement à une médisance du poëte Pavillon [2]. Sérieuse comme son nom, la belle Anastasie était trop prude pour ne pas effaroucher un amour aussi timide et aussi timoré que l'avait toujours été celui de Corneille. Peut être y eut-il entre eux échange de platonisme, avec petits vers à tendresse transparente, les seuls que pût se permettre la timidité de l'un et dont ne s'indigna pas la pruderie de l'autre, mais ce fut tout certainement. Quelques stances de Maucroix pour Mlle Serment nous le donnent d'ailleurs à penser. Le chanoine de Reims, en dépit de

1. *Histoire de l'Académie française*, par Pellisson et d'Olivet, édit. Ch. Livet, t. II, p. 372.

2. Maucroix, *Œuvres diverses*, publiées par M. Louis Paris, 1854, in-12, p. ccix.

sa robe, avait dans la galanterie beaucoup moins de réserve que Corneille. Le jour qu'il écrivit à Mlle Serment : « Vous me faites mourir, vous autres prudes ; vous purifiez trop de choses, vous voulez que le bon vin soit sans lie[1], » il disait sa pensée tout entière : il exprimait au mieux cette soif de l'amour sensuel qui, chez lui comme chez son ami la Fontaine, cherchait à se désaltérer partout, même dans ce libertinage qui, Fontenelle nous l'a dit, répugnait tant au contraire à la pureté des sentiments de Corneille. Il se moquait donc, ce chanoine, du vieux soupirant, qui mal enhardi par l'âge, ne dépensait ses soupirs qu'en beaux vers. C'est sous cette impression de raillerie contre Corneille, avec arrière-pensée de déclaration d'amour pour lui-même, qu'il adressa certain jour à Mlle Serment les stances que voici[2] :

Cloris, je vous le dis toujours,
Ces faiseurs de pièces tragiques,
Ces chantres de gens héroïques,
Ne chantent pas bien les amours.

De beaux mots leurs œuvres sont pleines,
Ils sont sages comme Catons,
Ils sont discrets pour les Hélènes
Et muets pour les Jeannetons.

Tout ce qu'on nomme bagatelle
Déplaît à ces rares esprits,
On diroit qu'ils sont en querelle
Avec les Grâces et les Ris.

Pour moi, qui hais la muse austère
Et la gravité de ses tons,

1. *Histoire de l'Académie française*, par Pellisson et d'Olivet, édit. Ch. Livet, t. II, p. 162.

2. *Id.*, t. I, 196. M. L. Paris donne à cette petite pièce la date de mai 1685. Ce doit être certainement une erreur. Mlle Serment aurait eu alors plus que la quarantaine, et Maucroix ne lui eût pas parlé sur ce ton.

Je vous ai choisi, ma bergère,
Pour le sujet de mes chansons.

Ces stances goguenardes du chanoine expliquent un peu ce que devait être Corneille auprès des femmes dont, à voir son assiduité, l'on pouvait penser qu'il était amoureux. Il les recherchait moins pour aimer, que pour se réchauffer un peu l'âme et s'entretenir d'inspiration. Sa passion n'était qu'une sorte de platonisme discret, sans éclat pour l'amour même, mais favorable à la muse, qui en l'absorbant se procurait une force et lui donnait à lui-même l'unique expression qu'il demandât. C'est donc le poëte bien plutôt que l'amant qu'il faut toujours chercher chez Corneille, lorsqu'on le trouve dans l'intimité de quelque femme : il pousse quelques soupirs, mais en vers, et s'il est heureux de voir bien accueillir l'amour exprimé, il l'est encore bien plus de voir applaudir la poésie qui l'exprime.

Chez Mme Du Pont, la jolie Rouennaise qui fut, dit-on, avec Mlle Milet, une des passions de sa jeunesse, il soupirait un peu, mais aimait davantage : aussi ne restât-il de cet amour qu'un certain nombre de vers, relus souvent par le poëte en sa vieillesse, comme pour se ranimer à ce rayon de la flamme des premiers jours [1]. Il les détruisit deux ans avant sa mort, par un sentiment de discrétion qui nous est garant de la sincérité de cet amour : plus une passion est sincère, plus elle est discrète.

Si d'ailleurs, comme nous le pensons, Corneille avait eu à se repentir du trop de bruit fait autour de son amour pour Mlle Milet par la représentation et par la pièce de *Mélite*, on conçoit qu'ayant peur de voir une rupture suivre d'aussi près la mise au jour de ses vers à Mme Du Pont, il ne les ait jamais publiés. La suite prouva qu'il fit bien.

1. *Œuvres diverses de P. Corneille*, publiées par l'abbé Granet, 1738, in-8, p. 144, note.

Mlle Milet était devenue son ennemie; Mme Du Pont resta son amie, jamais il ne cessa de la voir : la femme aimée avait disparu, la femme d'esprit était restée, et c'est ce qui importait à Corneille, plus empressé, encore une fois, de faire lecture d'une œuvre que confidence d'une passion. « Il lui communiquait, dit l'abbé Granet[1], la plupart de ses pièces avant de les mettre au jour. Comme elle avait beaucoup d'esprit, elle les critiquait fort judicieusement, en sorte que M. Corneille a dit plusieurs fois qu'il lui était redevable de plusieurs endroits de ses premières pièces. »

Que disait la bonne Mme Corneille de ces assiduités de son mari auprès d'autres femmes, à Rouen chez Mme Du Pont, à Paris chez Mlle Serment et plusieurs autres? Je ne sais, mais il ne me semble pas que la sérénité du ménage ait jamais été troublée par aucune crise de jalousie. L'excellente ménagère comprenait sans doute que si le sérieux intérieur de leur maison suffisait au poëte se recueillant dans la méditation et le travail, il lui fallait mieux lorsque sa pensée, en proie à la fièvre et au doute, cherchait où s'inspirer, où se conseiller. Elle ne le gênait donc pas dans ses expansions au dehors, qui n'allaient pas d'ailleurs, elle le savait bien, jusqu'à la complète émancipation des liens du devoir. L'honnêteté de cette grande âme, affermie encore par une piété qui grandit avec l'âge, la rassurait contre toute inconstance sérieuse.

C'était l'âme de Pauline même que Corneille portait ainsi en lui : cette âme à qui la conscience du devoir donne horreur de l'infidélité, mais laisse la liberté du rêve; qui ne veut plus espérer, mais qui se souvient et s'inspire en se souvenant ; qui mourrait plutôt que d'être parjure au devoir accepté, mais qui ne saurait vivre non plus sans la platonique indépendance où sa pensée, émancipée une heure,

1. *Œuvres diverses de P. Corneille*, publiées par l'abbé Granet, 1738, in-8, p. 144, note.

côtoyant le mal qu'elle s'indignerait de commettre, se donne une tentation, comme aiguillon, puis aussitôt, comme force, la satisfaction d'une résistance. Il devait, ce me semble, y avoir un peu de tout cela dans la manière dont Corneille comprenait ses devoirs d'époux, sa fidélité en ménage. Ce qui le donnerait à croire, ce qui prouverait combien sur ce point la conduite qu'il devait tenir se trouvait d'accord, par conviction naturelle et besoin de liberté, avec celle qu'il prête à sa Pauline, c'est que, chose singulière! il fit *Polyeucte* l'année même de son mariage, en 1640.

Se connaissant bien, sachant que son cœur ne pourrait se passer d'un peu d'infidélité par la pensée, il prenait l'avance en ce chef-d'œuvre, où il fait voir que la plus honnête femme peut se permettre pareille liberté sans déchoir de son honnêteté : ce que pouvait admettre la conscience d'une sainte épouse, un sage mari pouvait bien ne pas se l'interdire!

On s'étonne qu'ayant pour l'amour un tel penchant, Corneille ne l'ait pas fait plus souvent parler dans ses pièces; le succès qu'obtinrent les autres sentiments moins tendres, si fièrement exprimés par ses premiers héros, en fut la véritable cause. Quelque grand que puisse être le génie d'un homme, on aime volontiers à le circonscrire; on lui fait son cadre, d'où, sous peine d'improbation, il ne doit pas sortir, fût-ce même par des coups d'éclat. On avait accordé la grandeur et le sublime à Corneille, mais la tendresse lui était interdite; aussi, à chaque pas qu'il voulut tenter dans cette voie, on fit en sorte qu'il trouvât un écueil. De là, par exemple, une partie de l'insuccès de quelques-uns de ses derniers ouvrages, dont le style plus tendre, que l'on crut copié sur celui de Racine, fut condamné sans presque avoir été entendu. Il était convenu que l'auteur d'*Horace* ne devait pas savoir parler ce langage-là. « Corneille, dit Saint-Évremond, constatant cette injustice sans la partager, n'a pas plu, dans ces derniers temps, à la multitude, pour avoir été chercher ce qu'il y a de plus caché dans nos cœurs, ce qu'il y a de plus exquis dans le sentiment et de plus délicat dans la pensée [1]. » Le grand homme se le tint pour dit. On semblait prétendre qu'il perdait de sa hauteur en s'abaissant jusqu'aux sentiments de l'amour, il le crut et n'y revint pas. Dans *Psyché* seulement il eut encore la témérité d'être tendre, l'audace de faire soupirer ses vers sur un ton plus doux même et avec plus de grâce qu'il n'en avait jamais eu. Il en ressentit presque de la honte, mais se rassura par cette pensée que l'œuvre appartenant par moitié à Molière, on ne manquerait pas d'attribuer à celui-ci bien plutôt qu'à lui-même cette part des tendresses de la pièce. « Dans la *Psyché* de Molière, dit Fontenelle [2], étant à l'ombre du nom d'autrui, il s'est abandonné à un excès de tendresse dont il n'aurait pas voulu déshonorer son nom. »

Il était déjà bien vieux alors, puisqu'il n'avait pas moins de soixante-cinq ans, cependant il s'était encore trouvé au cœur certain regain d'amour qui lui avait permis de ne s'inspirer que de lui-même pour ces scènes de tendresse, et avait fait que les soupirs poussés n'étaient pas de sa part un simple effort de mémoire. La coquette Armande, la femme de Molière, l'avait pris à ses mines. Déjà retenu par le bon accueil du mari, à qui, comme tout le monde, il avait enfin accordé son estime et son admiration en suivant le flot du succès, il s'était surtout enchaîné à ce théâtre pour jouir de la vue de la coquette comédienne et se donner le plaisir de lui entendre réciter ses vers. Il avait aussi, ce qui n'était pas un médiocre attrait pour lui, retrouvé dans la troupe de Molière, cette bonne Mlle Marotte Beaupré que sept ou huit ans auparavant il avait fait engager au théâtre du Marais, grâce à M. le duc de Guise, dont il lui avait eu la re-

1. *Œuvres* de Saint-Évremond, t. III, p. 94.
2. *Histoire de l'Académie*, édit. Ch. Livet, t. II, p. 204.

commandation[1]. Tout cela : le bon caractère de Molière et sa facilité de mœurs, la grâce enjouée de sa femme, et la bonne humeur de Mlle Marotte, avait, je le répète, fixé la préférence de Corneille pour la troupe du Palais-Royal, au détriment de celle qu'il avait si longtemps patronnée.

Il avait permis à Molière de jouer son *Sertorius*, concurremment avec les comédiens du Marais ; il lui avait donné son *Attila*, pensant lui faire un présent magnifique, et il ne lui en avait pas trop voulu quand ce présent, qu'il croyait si beau, était venu à rien par l'insuccès. Quoiqu'il se dît lui-même que la disgrâce de la pièce avait eu peut-être un peu pour cause cette maladresse tragique des comédiens de Molière, qui longtemps l'avait éloigné d'eux, il ne leur avait pas moins donné, deux ans après, sa tragédie de *Tite et Bérénice ;* et enfin, au moment dont nous parlons, il venait de faire pour leur troupe une bonne part de la *Psyché*, où le principal rôle fut pour la Molière, et un autre assez important, celui d'Aglaure, pour sa chère Mlle Marotte.

Il l'avait connue à Rouen lorsqu'elle était venue y jouer, entre autres tragédies, l'*Amalasonte* de Quinault, puis dans le genre comique, qu'elle cumulait heureusement avec le tragique, quelques-uns de ces rôles d'égrillarde humeur qui, plus que le reste, lui avaient valu un engagement chez Molière. Corneille, à qui la gaieté ne déplaisait pas, s'était laissé prendre à la sienne, et nous croirions volontiers que « la piquante soubrette, » dont on nous parlait dernièrement[2], et qui fut honorée par la galanterie de Corneille d'un ou deux sonnets, conservés *inédits* dans la collection d'un amateur de Rouen, n'était autre que Mlle Marotte. Elle n'était pas d'humeur aussi galante que la plupart des comédiennes de son temps. Robinet, dans sa *Gazette rimée*, nous

1. V. sa lettre à l'abbé de Pure du 25 avril 1662.
2. Feuilleton de M. G. Claudin dans le *Moniteur* du 11 juin dernier.

la donne comme fort jolie, « mais sage au par-dessus », et ce dernier point n'était pas pour rebuter Corneille, dont le platonisme, nous l'avons dit, s'accommodait au mieux d'une maîtresse honnête. Il semble donc s'être contenté, pour Mlle Marotte, de cette nuance d'estime et d'amitié qui chez lui tenait lieu d'amour, et dont il l'assurait déjà au printemps de 1662. Elle était femme d'esprit, et c'est ce qui importait au poëte. Comme sa tante, Mlle Beaupré, qui fit quelques vers[1], et était amie de plusieurs écrivains de son temps, l'abbé Tallemant, La Calprenède, etc.[2], Mlle Marotte avait certaine teinture des lettres ; un auteur pouvait donc, avec l'espoir d'un bon conseil et le profit d'un éloge intelligent, lui lire ce qu'il venait de composer et faire sur son esprit l'essai de ses ouvrages.

C'est, nous l'avons déjà vu, ce que Corneille aimait surtout. En cela même, l'opinion des comédiens et des comédiennes lui était particulièrement précieuse. Il sentait que pour une œuvre théâtrale, le jugement des gens de théâtre devait l'emporter sur la plupart des autres. Ils avaient donc la préférence pour ses lectures d'essai. Il consultait tous ceux qu'il pouvait saisir, même lorsqu'ils n'appartenaient pas au théâtre qui devait représenter sa pièce, pensant que leur jugement serait ainsi plus désintéressé et leur éloge plus sincère s'il l'obtenait. C'est ainsi que Mlle Desœillets, bien qu'elle appartînt à l'hôtel de Bourgogne, eut les prémices de *Sertorius*, que devait pourtant jouer une troupe rivale, celle du Marais. Il lui envoya sa pièce acte par acte, et quand il voulut que ses amis, dont il désirait aussi le jugement, en prissent connaissance, c'est à la comédienne dépositaire des scènes déjà terminées qu'il leur dit de s'adresser. « J'ai prié, écrit-il par exemple à l'abbé de Pure,

1. On en trouve de sa façon en tête des *Œuvres* d'Adam Billaut, 1806 in-12, p. 305.
2. *Historiettes* de Tallemant des Réaux, 1re édit., t. V, p. 70.

le 3 novembre 1661, j'ai prié Mlle Desœillets, qui en est saisie, de vous les montrer quand vous voudrez. »

Pour le *Polyeucte*, il avait fait de même et s'en était bien trouvé. Condamné par l'hôtel Rambouillet, comme nous l'avons déjà vu, et, après cette sentence, désespérant de son œuvre, il l'était venu lire à un vieux comédien du Marais, Renaud Petit-Jean La Roque, qui, juge plus habile et chrétien moins timoré qu'on ne se targuait de l'être dans le galant Salon bleu, avait calmé la conscience de Corneille à propos des saints personnages mis en scène dans sa tragédie, et l'avait rassuré sur son danger.

Corneille, tranquillisé, avait remercié le vieil acteur, et, ne se croyant pas autrement engagé, était allé porter *Polyeucte* au théâtre de l'hôtel de Bourgogne, où La Roque ne jouait pas.

Le nom de ce comédien éclairé méritait de ne pas se perdre : non-seulement on lui doit ce chef-d'œuvre que Corneille eût peut-être laissé dans l'oubli sans son conseil, mais on lui doit encore une bonne part du talent de la Champmeslé, qui, avant les leçons de Racine, n'en eut pas de meilleures que celles de La Roque [1].

Parmi les conseillers de Corneille, et ses juges d'essai pourrait-on dire, il faut, pour n'oublier personne, rappeler le comédien Floridor, et le mettre au même rang dans son estime que La Roque, Mlle Desœillets, et Mlle Marotte. Sa confiance était telle, que pendant ses séjours à Rouen il lui livrait le manuscrit de ses pièces achevées, et lui permettait d'aller les lire à sa place dans les cercles renommés de Paris, chez Tallemant, le maître des requêtes, chez la Sablière, Mlle de Scudéri, etc. [2]

1. De Mouchy, *Tablettes dramatiques*, 1752, in-12, 1re partie, p. 187; 2e partie, p. 61.
2. *Historiettes* de Tallemant, 1re édit., t. V, p. 32.

Corneille ainsi voyait souvent les comédiens, et était avec eux en continuelle communauté d'idées. Il ne se mêlait cependant pas à leur vie, trop libre d'ordinaire et trop relâchée pour convenir à la sérieuse tranquillité de la sienne. C'est à peine même s'il allait voir Molière chez lui, à Paris, et on ne le rencontra jamais dans la maison d'Auteuil : il craignait d'y tomber au milieu de l'un de ces repas trop gais, où l'ivresse parfois crapuleuse de Chapelle eût effarouché sa sobre prud'homie [1].

Cette réserve de mœurs, cette placidité d'existence, au milieu du scandale et du grand bruit que menaient la plupart des gens qui, comédiens ou auteurs, formaient alors le monde du théâtre, sont un des traits les plus noblement distinctifs du caractère de Corneille. Il est bon de le préciser : son œuvre, déjà si majestueusement sereine, le paraît encore plus quand on la regarde à travers la sérénité de sa vie.

Il n'est pas un seul poëte de son temps qui ne soit tombé dans quelque ridicule de faste tapageur et de vanité, ou dans l'excès de quelque vice. La plupart couraient les cabarets ou les tripots, et puis, tout chauds de crapule, s'en allaient faire antichambre dans quelque riche hôtel et abaisser leur panache fanfaron devant quelque sottise de noble race.

« Lui se tenoit, dit Fontenelle, retranché dans son cabinet, sans être presque autrement connu du monde que par son nom, sans protecteurs puissants déclarés en sa faveur, sans partisans affidés, n'ayant de gloire que celle qui étoit venue le trouver d'elle-même, ne s'y fiant peut-être pas assez, mais certainement hors d'état et même incapable de lui prêter aucun secours étranger. »

On lui a reproché l'hospitalité que pendant quelque

1. Taschereau, *Histoire de la vie et des ouvrages de Corneille*, édit. elzevirienne, p. 210.

temps, après son installation définitive à Paris, il reçut à l'hôtel de Guise ; mais n'était-ce pas l'usage alors ? Chaque grand seigneur n'avait-il pas son poëte, à cette époque où la noblesse n'était pas encore assez abaissée et la littérature assez élevée pour que l'une crût devoir rougir d'être la commensale de l'autre ? Rotrou n'était-il pas au comte de Fiesque[1], pour nous servir d'une expression du temps; et le fastueux Mairet, l'un de ceux qui crièrent le plus contre Corneille après avoir été ses amis, n'était-il pas attaché au comte de Belin, gouverneur de Paris[2], « et tout à ses commandements », comme dit des Réaux[3] ? Tristan, après avoir été de la maison de Gaston, n'était-il pas passé, lui aussi, dans celle de M. de Guise ? enfin chaque poëte, encore une fois, n'avait-il pas alors son Mécène ? Pourquoi Corneille n'aurait-il pas eu le sien ? Pauvre quand il est venu à Paris, plus chargé de famille encore que de gloire, il tâcha, comme nous le verrons, d'obtenir un logement au Louvre, et n'ayant pu l'avoir, quoiqu'il s'y crût des droits par ses œuvres, il se rejeta sur la maison de M. de Guise, qui lui fut plus hospitalière. Eut-il tort ?

Pour la dédicace tant incriminée qu'il fit de son *Cinna*, sa conduite eut un pareil mobile. L'usage était que toute grande œuvre fût dédiée à quelque puissant ; plus l'ouvrage était important, plus celui auquel on l'adressait devait l'être aussi. Pour *Cinna*, son chef-d'œuvre, à qui pensa-t-il ? Je ne saurais le dire au juste, mais ce ne put être qu'au roi, puisque, l'an d'avant, pour *Horace* il avait pensé à Richelieu. La dédicace ne fut pas agréée.

Alors, que fit-il ? une volte-face, moins honteuse pour lui certainement que pour ceux qui l'y obligeaient.

1. Guizot, *Corneille et son temps*, 1852, in-8, p. 366.

2. La Pinelière, *le Parnasse, ou le Critique des poëtes*, 1635, in-8, p. 63.

3. *Historiettes*, édit. P. Paris, t. VII, p. 172.

N'ayant pas le patronage du roi, il ne craignit pas de s'adresser à un homme que sa générosité, plus encore que sa fortune, plaçait au-dessus de son rang, et qui avait quelque chose de royal par ses libéralités de roi en faveur des lettres. C'est le financier Montauron, esprit beaucoup moins méprisable qu'on ne l'a prétendu, comme pour abaisser d'autant plus Corneille, et qui d'ailleurs avait près de lui, pour se conseiller dans les choses de la littérature, un des hommes qui alors y brillaient le mieux, La Serre, son parent[1].

Montauron occupait, menant fort grand train, un hôtel de la rue du Grand-Chantier, qui avait auparavant appartenu au comte d'Elbeuf[2], et tout naturellement il s'était fait le protecteur des comédiens du Marais[3], qui jouaient près de là, dans un ancien jeu de paume de la Vieille rue du Temple. Ce théâtre était, nous l'avons dit, celui que Corneille préféra longtemps; il n'est donc pas étrange que, cherchant à qui dédier une de ses œuvres, il songeât à l'homme qui patronnait le mieux ses comédiens de prédilection, et que personne d'ailleurs, dans les lettres ou dans les arts, ne dédaignait alors de prendre pour Mécène. La Hire lui avait dédié la *Bethsabée* de son père, comme à l'homme le plus noble et le plus illustre, *nobilissimo*, *clarissimoque viro*, et le président Maynard, à qui jamais, que je sache, on n'en a fait un crime, lui avait adressé, en façon de reconnaissance pour quelques libéralités reçues, un sonnet bien autrement élogieux que la dédicace de *Cinna*[4]. Les deux tercets sont surtout intéressants; les voici: *Si*, dit le président à Montauron,

Si la faveur du ciel te donnoit les trésors

1. *Historiettes* de Tallemant, 1re édit., t. V. p. 23-26.
2. Sauval, t. 2, p. 224.
3. Tallemant, *Histor.*, p. 19.
4. Maynard, *Œuvres*, 1646, in-4°, p. 53.

Que la mer du Levant cache entre ses deux bords,
Nos vers ne diroient plus que le ciel est injuste :

Tes libéralités nous viendroient consoler,
Et les pleurs des sçavants cesseroient de couler
Sur le marbre effacé de la tombe d'Auguste.

Il me semble que le nom d'Auguste n'est pas mis ici par hasard, et que ce n'est point par hasard non plus qu'il y est parlé « du marbre effacé de sa tombe ». Maynard doit faire allusion dans ces vers au *Cinna* de son ami Corneille, dont le principal personnage, Auguste, revivait peut-être en Louis XIII, par quelques échappées de justice et de clémence, mais non certes par la libéralité envers les poëtes.

La dédicace de la pièce à Montauron est d'une allusion plus directe encore, d'une ironie plus évidente pour qui sait la bien lire. Comment accepter, en effet, sinon comme reproche à l'adresse du roi, qui, par son avarice pour les lettres, manquait à son devoir royal, cette phrase, où l'on n'a voulu voir à tort qu'une plate flatterie envers le Mécène financier ? « Votre générosité, à l'exemple de ce grand empereur, dit Corneille à Montauron, prend plaisir à s'étendre sur les gens de lettres, en un temps où beaucoup pensent avoir trop récompensé leurs travaux quand ils les ont honorés d'une louange stérile. »

Si Montauron fut flatté, Louis XIII ne dut pas l'être, pour peu qu'il comprît. Mais il ne comprit pas, ce qu'il fit peu de temps après le prouva bien. Corneille, qu'un présent de deux cents pistoles avait payé de son ironique dédicace à Montauron, pensa qu'il pouvait, étant si bien récompensé pour *Cinna*, faire meilleur marché de l'hommage de *Polyeucte*, et chercher l'honneur, puisqu'il avait eu l'argent. Il revint à l'idée d'une dédicace à Louis XIII, et cette fois avec certitude d'être agréé, puisque la libéralité du traitant pour la première tragédie le mettait à même de ne pas faire le renchéri pour la seconde, et même de la dédier *gratis*. Que fit le roi ? ce qu'avait prévu le poëte en n'espérant pas de lui un seul écu.

« M. de Schomberg, écrit Tallemant[1], lui dit que Corneille vouloit lui dédier la tragédie de *Polyeucte*. Cela lui fit peur, parce que Montauron avait donné deux cents pistoles à Corneille pour *Cinna*. « Il n'est pas nécessaire, dit-il. — « Ah ! Sire, reprit M. de Schomberg, ce n'est point par in- « térêt. — Bien donc, il me fera plaisir. » Ce fut à la reine qu'on la dédia, continue Tallemant, car le roi mourut entre-deux. »

Cela dit, comment faut-il conclure ? Faut-il absoudre le roi, qui par la pire des défaillances royales, l'avarice, se manqua tant à lui-même en manquant au grand poëte, et causa par sa propre indignité celle de la dédicace trop reprochée à Corneille ? ou bien, reprenant une à une contre celui-ci les accusations banales ou jalouses de l'abbé d'Aubignac[2], de Gabriel Guéret[3], de Voltaire, et de tous les détracteurs à la suite, faut-il continuer à le condamner parce qu'il fit ce que faisaient alors tous ses pareils, et ne manqua pas à l'une des conditions de son métier de poëte ; lorsque Louis XIII manquait à la plus nécessaire de son métier de roi, la générosité ? Quant à moi, je n'hésite pas : c'est Louis XIII que je condamne, c'est Corneille que j'absous.

Ces conditions du métier littéraire, ces nécessités de la vie du poëte, obligé de faire de son labeur un gagne-pain pour les siens et pour lui, Corneille les avait courageusement acceptées telles qu'elles étaient admises par les plus honorables en son temps ; et comme il trouvait, en s'y sou-

1. Édit. P. Paris, t. II, p. 248.

2. *Troisième et quatrième dissertation concernant le poëme dramatique*, etc., 1663, in-12, p. 158.

3. *La Promenade de Saint-Cloud*, dans les *Mémoires de Bruys*, t. II, p. 238.

mettant, une indépendance plus grande que si, à l'exemple de tant d'autres, il se fût fait rimeur à gages et poëte domestique, il croyait avec raison n'en pas devoir rougir. Il se laissait payer une dédicace, soit ; mais encore une fois, c'était l'usage, c'était un des droits d'auteur du temps. Cela ne valait-il pas mieux d'ailleurs que de se permettre ce que se permettaient sans vergogne la plupart de ceux contre lesquels pourtant on n'a jamais crié ? Le vit-on quelquefois se faire mendiant de cour ? non. La cour était un lieu qu'il n'aimait pas assez pour aller y chercher, même la fortune.

Quand, d'aventure et presque toujours par force, il s'y rendait, « il y apportoit, dit Fontenelle, un visage presque inconnu, un grand nom qui ne s'attiroit que des louanges, et un mérite qui n'étoit pas le mérite de ce pays-là. » Chapelain, qui se connaissait en hommes du monde, car sous son manteau râpé de panne verte il était lui-même un mondain de la plus fine et de la plus souple espèce, savait mieux que personne la triste mine que faisait Corneille lorsqu'on l'arrachait aux méditations de son cabinet, à l'intimité de ses héros : « Il a peu d'expérience du monde, écrivit-il dans son rapport à Colbert sur les pensions à donner aux gens de lettres ; il ne voit guère rien hors de son métier. »

Non-seulement il ne savait pas solliciter, mais, bien plus, lorsque sans sollicitation de sa part une grâce lui avait été accordée, il ne savait pas dire merci : « Il laissa passer un an, dit le P. Tournemine[1], sans remercier Colbert du rétablissement de sa pension. Je le sais, ajoute-t-il, de l'abbé Gallois, à qui le ministre en avait fait des reproches, et qui conduisit Corneille à l'hôtel Colbert. » Cette pension était de deux mille livres, c'est-à-dire moindre d'un tiers que celle de Chapelain lui-même, et plus faible de moitié que celle de Mézeray !

1. *Défense du grand Corneille*, en tête des *Poësies diverses*, 1738, in-8, p. xxxiii.

Corneille souffrit à cause d'elle toutes sortes de vicissitudes. D'abord, en 1665, force lui fut de permettre qu'on ne la lui payât que tous les quinze mois, ce dont il se vengea par six vers de bénigne épigramme, où il demandait à Dieu de lui faire des années aussi longues que celles que lui faisaient les commis royaux [1]. Plus tard, en 1683, toutes les disgrâces, tous les oublis se succédant contre sa vieillesse, on lui supprima ce secours au moment où il était preque devenu sa seule ressource. Corneille, à soixante-dix-sept ans, fut obligé de se faire solliciteur! Le second de ses fils venait d'être tué au siége de Grave, et il dut s'arracher à son deuil; bien plus, il dut se faire un argument de sa douleur même pour tâcher d'obtenir qu'on lui rendît cette faveur, dont vingt chefs-d'œuvre et soixante années de travail ne lui avaient pas fait un droit!

Il avait assez d'admirateurs non-seulement parmi les plus grands seigneurs, mais aussi parmi les princes, pour que l'on pût croire que cette admiration se fût quelquefois traduite pour lui en libéralités toutes princières. Il paraît qu'il n'en fut rien. Condé, par exemple, qui l'aimait tant, qui lui rendit tant d'hommages particuliers et publics, ne lui fit jamais le plus petit présent. On le sait à n'en pas douter, par ce que Corneille en dit un jour à Segrais, non sans une certaine aigreur: « Monsieur le Prince, écrit Segrais, était fort dur, et sans apporter des exemples d'ailleurs, M. Corneille s'est plaint à moy de ce que ses ouvrages lui ayant donné tant de plaisir, jamais il ne lui a fait aucune gratification [2]. » C'était oubli sans doute, plutôt qu'avarice, et pour peu que Corneille eût demandé, il eût obtenu; mais lorsqu'il s'agissait de libéralités, il laissait venir, il ne sollicitait pas.

Les Noailles lui voulaient aussi beaucoup de bien, de

1. V. notre *Paris démoli*, 2e édit., p. 113.
2. *Segraisiana*, p. 92.

même qu'à son frère Thomas, qui tout d'abord fut mis de moitié par lui dans tout ce qui lui arrivait d'heureux, et fréquenta chaque maison où il était admis. Mais cette protection, comme celle de Condé, fut toute d'estime. Le patronage n'alla pas plus loin qu'une assez expansive admiration. La comtesse de Noailles, qu'on appelait *Noziane* dans le monde des *Précieuses*, se contenta de dire partout, « qu'aimant les vers extraordinairement, et ne pouvant les souffrir s'ils ne sont beaux, elle protégeoit pour cela d'une façon particulière les deux Cléocrite (les deux Corneille), qui ne faisoient rien que d'achevé [1] »

Une admiration qui n'aboutit pas pour Corneille à de plus grands bienfaits, ce me semble, et fut, pourrait-on dire, tout aussi platonique, c'est celle que lui témoignait Louise de Gonzague, cette charmante reine de Pologne qui, partant pour son royaume en 1645, n'avait pas emporté de Paris de plus vif souvenir que celui des tragédies du poëte.

Saint-Amant, qui la suivit, sut l'entretenir dans ces sentiments pour un homme qui était de ses meilleurs amis, bien qu'il ne le vit point partager ses habitudes de cabaret et de tripot. Lorsqu'en 1655, Corneille eut achevé sa traduction de l'*Imitation*, Saint-Amant, devenu pieux par effort d'amitié, se fit le patron peu respecté du respectable ouvrage. En des *Stances*, qu'il lui consacra comme réclame, et que l'éditeur de Corneille se hâta de faire imprimer et de répandre, il ne manqua pas de le recommander à sa princesse, « à son auguste Louyse, honneur des dieux humains [2].» La recommandation fut-elle efficace? le livre fut-il bien accueilli? je n'en doute pas; mais le présent du poëte, fut-il récompensé par un autre digne d'une reine? j'en répondrais moins. Je dois pourtant dire que M. de Cam-

1. *Dict. des Prétieuses*, édit. Livet, t. I, p. 290.
2. *Œuvres de Saint-Amant*, édit. Ch. Livet, t. II, p. 110 111.

pion, dans un sonnet tout à la louange de Corneille, et dont celui-ci ne tarda pas à le payer par un autre, non moins élogieux pour Campion lui-même [1], donnerait volontiers à penser que Louise de Gonzague n'avait pas manqué cette fois de libéralité pour le poëte, et que la satisfaction qu'elle avait éprouvée de l'envoi du livre s'était manifestée mieux que par un remercîment stérile. Après avoir dit, dans le premier quatrain du sonnet, que « Corneille est incomparable, que tout ce qu'il fait est admirable et que chacun en demeure d'accord », Campion ajoute :

La savante reine du Nord,
De qui l'esprit est adorable,
Faisant un jugement semblable,
Le soutient et l'estime fort [2].

Je ne sais si je me trompe, mais il me semble voir poindre sous ces mots du dernier vers : « Le soutient », l'apparence d'une pension que Corneille aurait reçue de la reine de Pologne. Il n'y a pas, il est vrai, dans ses poésies la moindre trace de remercîment à cette princesse pour une grâce de ce genre, mais ce ne serait pas là une preuve, pour nous qui connaissons combien Corneille était paresseux, sinon à la reconnaissance, du moins au remercîment.

Les vers de louange, même pour les puissants, lui coûtaient beaucoup plus qu'on ne pourrait croire. Il ne flattait

1. Ce sonnet de Corneille se trouve en tête du volume fort rare : *les Hommes illustres de M. de Campion*, t. Ier, 1re partie, *imprimé à Rouen par L. Maury, pour Augustin Courbé, marchand libraire au Palais*, à Paris, 1657, in-4° de 700 pages. Le sonnet n'a été réuni pour la première fois aux autres poésies de Corneille que dans la dernière édition Lefèvre; mais dès 1808 il avait été publié dans le *Magasin encyclopédique*, t. IV, p. 100.

2. Campion, *Recueil de lettres qui peuvent servir à l'histoire de diverses poésies*, Rouen, 1657, in-12, p. 266.

qu'à son corps défendant, et, lorsqu'il s'y décidait, il faisait en sorte de sauvegarder sa fierté en se mettant lui-même pour une bonne part dans l'éloge. Quoique avant les persécutions contre le *Cid*, qui vinrent tout gâter, Richelieu eût fait beaucoup de bien à Corneille, celui-ci fut toujours très-avare de louanges à sa gloire. Nous ne connaissons même dans toutes ses œuvres qu'un sonnet élogieux pour le cardinal [1]. Quand il fut mort, on pressa Corneille d'entonner le panégyrique. Claude Sarrau, entre autres, qui était conseiller au parlement de Paris, lui écrivit, en décembre 1642, une lettre latine où il lui disait [2] : « Il faut surtout que ta muse s'anime à produire quelque poëme digne de toi et de lui, sur la mort du *grand Pan*. Il est mort bien regrettable pour beaucoup de gens, mais pour personne plus que pour toi ; car, bon gré, mal gré, s'il eût vécu plus longtemps, il aurait ceint ta tête du laurier d'Apollon. » Corneille ne fut pas convaincu de cette nécessité de reconnaissance ; il se contenta de répondre par le quatrain célèbre que terminent ces vers :

> Il m'a fait trop de bien pour en dire du mal,
> Il m'a fait trop de mal pour en dire du bien.

Si, comme on l'a déjà fort bien remarqué [3], Corneille eut le tort grave de manquer à la moitié de cette promesse, puisque dans un sonnet sur la mort de Louis XIII, supprimé jusqu'à ces derniers temps dans les éditions de ses œuvres, il fit éclater toute son aigreur contre le cardinal défunt, on peut attester du moins qu'il n'y manqua pas pour le reste, c'est-à-dire pour le silence à garder à propos de l'éloge du ministre. Sa reconnaissance fut plus muette que sa rancune, bien qu'il eût prétendu que l'une et l'autre étaient égales.

1. *Œuvres diverses*, p. 121.
2. *Claudii Sarravii senatoris parisiensis epistolæ*, 1654, in-8°, épist. 49.
3. Taschereau, *Hist. de la vie et des ouvrages de Corneille*, nouv. édit., p. 116-117.

Lorsque, par lettre royale du 14 octobre 1645, on l'eût chargé des inscriptions que réclamaient les dessins de Valdor sur les victoires de Louis XIII, il eut soin, dans les vingt petites pièces, presque toutes de six vers, qu'il écrivit alors, de ne pas faire la moindre omission. Il n'oublia qu'une chose, le nom de Richelieu. Même dans les trois inscriptions sur le siége de la Rochelle, il se garda, fût-ce par allusion, de dire un seul mot du ministre. La gloire de Louis XIII en était plus grande, et l'ordre de Louis XIV, qui avait surtout demandé l'éloge de son père, n'était que mieux rempli; mais, ce qui devait le plus importer à Corneille, sa propre rancune se trouvait ainsi pleinement satisfaite: par un effet d'adroite vengeance, que l'histoire n'a pas ratifiée, il avait supprimé Richelieu du règne de Louis XIII !

Pour Mazarin il ne fut pas beaucoup plus prodigue d'éloges. Une fois seulement, en 1644, la dédicace qu'il fit à ce ministre de sa tragédie de la *Mort de Pompée* lui ayant valu un présent assez recommandable, il crut bon de lui adresser un remercîment en beaux vers. C'était de la reconnaissance, et aussi de l'étonnement, car, il l'a dit lui-même dans l'avertissement mis en tête de cette pièce, la libéralité de l'avare cardinal l'avait surpris.

Dans une autre circonstance, il eut à faire l'éloge du ministre, mais à contre-cœur, à ce qu'il paraît, car, sitôt qu'il put, il l'effaça. C'était en 1661, quand il écrivit, pour le marquis de Sourdéac, *la Toison d'or*, cette grande pièce à machines qui demanda tant de mois de travail[1], et qui fut jouée au théâtre du Marais, après l'avoir été, un an auparavant, chez le marquis lui-même, en son château de Neufbourg[2]. Comme cette pièce avait été principalement com-

1. V. la lettre de Thomas Corneille à l'abbé de Pure du 1er décembre 1659.

2. « Un châssis sculpté, doré, dernier vestige de l'essai fait à Neu-

posée pour célébrer le mariage du roi avec l'infante Marie-Thérèse, et fêter la paix dont ce mariage était le gage : l'union des *Lys* de France avec la *Toison d'or* d'Espagne, il était impossible que la louange du cardinal, habile préparateur de tous ces événements, ne se trouvât pas au moins dans le *prologue*. Elle y fut, en effet ; mais quand la grande fureur d'admiration eut été passée, Corneille fit adroitement disparaître l'éloge. On peut le lire dans le programme de la représentation publié sous ce titre : *Les Desseins de la Toison d'or*, tragédie[1] ; mais on le chercherait inutilement dans toutes les éditions de la pièce imprimée. Nous allons donner ici les quelques vers qui renfermaient cet éloge, bien qu'ils ne soient pas excellents. Leur principal mérite est de ne pas se trouver dans les œuvres de Corneille, même les plus complètes, et d'avoir ainsi presque le mérite de l'inédit.

C'est la Paix, ramenée par Mazarin sous un pan de sa rouge simarre, qui parle ainsi à la France[2] :

Quelques autres efforts que pour rompre mes chaisnes,
L'univers ait veu faire aux plus puissantes mains,
Le succès va montrer qu'après toutes leurs peines
Des astres irrités les aspects inhumains
Voulaient pour s'adoucir la pourpre des Romains,
Et ce que leur courroux à tant d'efforts enlève,
Ton fameux cardinal l'achève.
Voy cette âme intrépide, à qui tu dois l'honneur
D'avoir eu la victoire en tous lieux pour compagne,
Avec le grand démon d'Espagne
De l'un et l'autre État concerter le bonheur.

bourg, existait encore il y a peu de temps en ce noble manoir. » C. Blaze, *L'Académie impériale de musique*, 1855, in 8°, t. I, p. 17.

1. Voici le titre complet : *Les Desseins de la Toison d'or, tragédie, représentée par la troupe royale du Maretz chez M. le marquis de Sourdéac, en son chasteau de Neufbourg, pour réjouissance publique du mariage du Roy et de la paix avec l'Espagne, ensuite sur le théâtre du Maretz*, Paris, Aug. Courbé, 1661, in-4°.

2. *Id.*, p. 9.

Celui de tous les protecteurs de Corneille dont les bienfaits pour lui furent surtout efficaces, celui auquel certainement il dut le plus, et auquel, en ce point, la France elle-même doit le plus aussi, c'est le surintendant Fouquet. Sans lui, en effet, sans ses conseils, sans ses encouragements en bonnes paroles et en beaux écus bien sonnants, nous n'aurions peut-être pas les dernières œuvres de Corneille, dans lesquelles, pour ne nommer que l'*Œdipe*, *Sertorius*, *Othon* et *Psyché*, l'on trouve encore tant de remarquables parties.

En 1653, après la mauvaise fortune de sa *Pertharite*, Corneille s'était pris d'un profond dégoût pour le théâtre, et avait résolu d'y renoncer tout à fait. Déjà, pendant les sept ou huit années précédentes, une succession de chutes complètes, comme celle de sa *Théodore* en 1645, ou de demi-succès comme pour son *Héraclius* en 1647 et son *Don Sanche* l'année d'après, l'avait peu à peu préparé à cette résolution de retraite. Les ennuis qu'il avait eus par suite du procès des libraires Courbé, Quinet et Sommarville à propos de son *Héraclius* [1], n'avaient pas été de nature à le faire revenir sur ce dégoût. D'un autre côté, il se sentait vieillir; sa santé, longtemps vaillante, ne l'était plus autant, et force lui fut même, l'année qui suivit ses premiers adieux au théâtre, c'est-à-dire en 1654, d'aller passer une saison aux eaux de Bourbon [2].

Son jeune frère Thomas avait grandi cependant. Depuis trois ans même, il s'était donné droit de bourgeoisie à l'hôtel de Bourgogne par le succès de sa pièce : *les Engagements du hasard;* et Pierre, en obligeant aîné, s'était mis alors à penser qu'il serait bon de lui laisser la place, sans le gêner par la concurrence de nouvelles œuvres, les anciennes

1. Scarron, *Œuvres*, 1786, t. VII, p. 56.

2. Il en parle dans sa lettre au P. Boulard du 10 juin 1656. *Biblioth. de l'École des chartes*, avril 1852, p. 360.

ne devant que trop suffire pour l'éclipser de leur gloire. Enfin, à toutes ces raisons de retraite s'en joignait une autre plus impérieuse peut-être, car elle était entretenue en lui depuis longtemps par ses amis les plus nombreux et les plus pressants : c'était une raison de dévotion. Pour ces amis, qui tenaient à l'Église ; pour son frère Antoine, le chanoine génovéfain ; pour les jésuites, chez qui il avait été élevé et qui, s'ils voulaient bien s'honorer de sa gloire, n'acceptaient pas pour cela davantage le genre profane où il se l'était acquise, Corneille était loin de faire œuvre pie en faisant œuvre de théâtre. On s'efforçait donc de l'en détourner, malgré le sérieux qu'il y apportait. Il tint bon aussi longtemps qu'il eut à opposer la fortune de ses ouvrages à ceux qui les lui reprochaient. Moins heureux, il fut plus accessible ; ses disgrâces au théâtre aidèrent puissamment aux conseils de ceux qui l'en voulaient arracher. Ce n'est pas tout : en 1651, on le fit marguillier de sa paroisse, Saint-Sauveur, à Rouen [1] ; il n'eût garde de refuser, et il entra par là plus avant que jamais dans les idées de l'Église, sans se douter que ces idées, devenues plus pressantes, allaient menacer chez lui d'une ruine presque complète les idées de tragédie.

Comment cette fonction, qui n'eut de profit pour Corneille que les embarras dont elle le greva, et dont il se plaignait fort l'année suivante, à l'époque de Pâques, la plus laborieuse pour un marguillier [2] ; comment et pourquoi cette dignité d'intérêt tout religieux l'était-elle venue trouver au milieu de ses occupations profanes ? Il le devait à l'œuvre

1. Peut-être l'avait-il été déjà, en 1636, à l'époque du *Cid*, et peut-être est-ce pour cela que, par surcroît de malice, un de ceux qui attaquèrent la pièce prit la même qualité : *le Jugement du* Cid, *composé par un bourgeois de Paris, marguillier de sa paroisse*, 1637, in-8.

2. Lettre au P. Boulard, de la veille de Pâques 1652, *Biblioth. de l'École des chartes*, avril 1852, p. 348.

plus édifiante, dont, je ne sais d'après quels conseils, il avait, en 1651, fait connaître les prémices. Sa nomination de marguillier à Saint-Sauveur avait suivi de près la publication des deux premiers livres de sa traduction en vers de l'*Imitation de Jésus-Christ*, et, d'après les dévots, en avait même été la récompense. La fortune de l'ouvrage fut rapide, et Corneille se trouva par là obligé de le terminer au plus vite. Ce fut un surcroît de labeur qui, s'ajoutant aux préoccupations de sa tâche à la paroisse, l'eût détourné de tout autre travail lors même que sa résolution de renoncer au théâtre n'eût pas été déjà prise.

Les jésuites, qui trouvaient ainsi moyen de le ressaisir et de l'accaparer, tout en se donnant un bon livre de plus pour les dévotes lectures de leurs fidèles, aidèrent beaucoup au succès. « Les jésuites, écrit Voltaire, que le souvenir de cette protection rend injuste pour le mérite de l'œuvre ; les jésuites, qui avaient un très-grand crédit, firent lire le livre à leurs devotes, et dans les couvents. Ils le prônaient, on l'achetait, et on s'ennuyait [1]. » Ce dernier mot est de trop. Si l'on se fût autant ennuyé, l'on aurait moins acheté, et les éditions n'eussent pas atteint le nombre étonnant auquel elles arrivèrent en fort peu d'années. Croirait-on qu'en 1663 déjà, l'auteur de l'*apostille* mise à la suite de la *Défense de Sertorius* [2] pouvait répondre à l'abbé d'Aubignac, qui croyait Corneille embarrassé des exemplaires de sa traduction : « Depuis quinze jours on a fait commencer la dix-septième édition » ; et que plus tard, ce nombre étant presque doublé, Corneille pouvait montrer à Carpentier un exemplaire de la trente-deuxième réimpression [3]. Il était très-fier du succès et très-heureux de son produit. Il en parlait

1. *Observations sur la vie de Corneille*, par Fontenelle.
2. 1663, in-12, p. 119.
3. *Carpenteriana*, 1724, in-8, p. 284.

à qui voulait l'entendre avec cette naïve effusion de joie mêlée de surprise qu'il eut toujours pour tout succès conquis et pour tout argent gagné. Jamais le théâtre n'avait mis son cœur ni sa bourse à pareille fête : aussi ne le regrettait-il pas. « Je lui ai ouï dire, écrit Gabriel Guéret, que son *Imitation* lui avait plus valu que la meilleure de ses comédies, et qu'il avait reconnu par le gain considérable qu'il y avait fait que Dieu n'est jamais ingrat pour ceux qui travaillent pour lui. » C'est là une de ces échappées de franchise qui firent parfois accuser Corneille d'un amour immodéré de l'argent, lorsqu'il n'y fallait voir que la satisfaction ingénue de l'homme qui, s'étant voué pour faire vivre les siens au plus ingrat des labeurs, se trouve tout surpris d'avoir atteint le résultat cherché.

En 1653, sa santé, déjà chancelante, avait éprouvé une rude secousse; il avait été pris, dit Charpentier, « d'une grosse maladie [1], » mais, toujours infatigable, il n'en avait pas travaillé moins. Pressé par le succès et par les instances de son libraire Ballard, c'est pendant ces heures de souffrance qu'il avait traduit le troisième livre de l'*Imitation* [2]. Puis, se guérissant plus lentement qu'il ne travaillait, après avoir livré cette nouvelle partie de l'œuvre à son cher imprimeur de Rouen, Laurent Maurry, et avoir donné à l'impression le soin qui lui était ordinaire, il s'était mis en route pour Bourbon, avec l'espoir d'y recouvrer tout à fait la santé.

Il s'y trouvait en 1654, pendant que son IIIe livre s'en allait dans la boutique de Ballard, rue Saint-Jacques, compléter par son succès celui des deux premiers. Restait à traduire le quatrième : Corneille n'y perdit pas de temps; cependant on ne l'eut imprimé pour la première fois, à la suite d'une réimpression des trois autres, que deux ans

1. *Carpenteriana*, 1724, in-8, p. 284.
2. *Id.*, *ibid.*

après, en 1656. Pourquoi ce retard? Peut-être à cause d'une rechute. Ce qui est certain, c'est qu'au mois de janvier 1655, au moment où l'on aurait pu le croire le plus occupé de son travail, il était assez grièvement malade pour que le bruit de sa mort courût à Paris [1].

En 1656, enfin, il est tout à fait rétabli, son travail est achevé; sa traduction de l'*Imitation* a paru, en un beau volume in-4o, chez Robert Ballard. Corneille n'a plus rien à faire, que fera-t-il ? L'Eglise ne le possède plus, car depuis 1652, après une année d'exercice, où il déploya une conscience de travail attestée encore aujourd'hui par de longues pages de registre toutes écrites de sa main [2], il s'est démis de ses fonctions de marguillier. Va-t-il de nouveau se consacrer au théâtre? On peut l'espérer. Un certain aiguillon l'y pousse, c'est le succès de son frère Thomas, auquel il a cédé la place de peur de l'éclipser, et dont il pourrait craindre à présent que l'éclat ne l'éclipsât lui-même.

Après les *Illustres ennemis*, joués sans grand résultat en 1654; après le *Geôlier de soi-même*, qui fut plus heureux en 1655, Thomas Corneille a tout à coup, dans l'hiver de 1656, remporté une véritable victoire : il a donné son *Cid*, il a fait jouer *Timocrate*, dont la fortune fut si longue que les comédiens furent obligés de l'arrêter. Après l'avoir représenté quatre-vingts fois de suite, ils refusèrent de le représenter davantage, craignant, en ne jouant plus que cette pièce, de désapprendre les autres.

Il y avait certes dans cet immense succès du cadet un puissant motif d'émulation pour l'aîné. Pour qu'il ne songeât pas un peu alors à tenter de nouveau les hasards du théâtre, il eût fallu que sa résolution fût tout à fait invincible;

1. Loret, *Muse historique*. 2 janv. 1855.

2. V. à ce propos un curieux article de M. A. Deville dans *le Précis des travaux de l'Académie royale de Rouen* pour l'année 1840, p. 276-283.

elle ne l'était pas. Nous le voyons donc qui recommence à faire des voyages à Paris [1]. Il ne boude plus la grande ville, comme il faisait en 1654, alors que dans la préface d'une nouvelle édition de ses *Œuvres* [2], il se targuait très-haut d'être demeuré provincial, et remerciait Dieu de l'avoir fait mauvais courtisan. Maintenant, qu'un palais ou qu'un hôtel un peu hospitalier s'ouvre devant lui, nous pouvons répondre qu'il ne se laissera pas faire violence pour entrer, et qu'il suffira de quelques bonnes paroles soutenues de quelques libéralités pour qu'il s'engage vite en de nouvelles entreprises. Or la maison hospitalière s'ouvrit, les bonnes paroles furent dites, les libéralités vinrent, et Corneille fut rengagé.

C'est chez le surintendant Fouquet qu'il trouva tout ce que nous venons de dire. En 1653, nous ne l'aurions certes pas espéré. Il était alors, en effet, au plus mal avec l'homme qui avait le plus d'empire sur le surintendant, et dirigeait sans partage son esprit et son goût; nous voulons parler de Pellisson. Corneille avait lu son *Histoire de l'Académie*, qui venait de paraître, et ne s'y trouvant pas traité à son gré, il avait crié bien haut qu'il s'en vengerait; il avait même promis d'écrire une réfutation [3]. Tout cela ne fut que paroles en l'air, bravades et fumées, qui ne pouvaient tenir longtemps, surtout dans une âme sans fiel comme l'était celle de Corneille. Trois ans après, le pamphlet contre Pellisson n'était pas écrit, et, qui mieux est, Pellisson, devenu son meilleur ami, se faisait son introducteur chez le surintendant.

1. Lettre de Corneille au P. Boulard, du 10 juin 1656.

2. Cette édition de 1654 1655, imprimée à Rouen en 3 vol. in-12, se vendait, à Paris, chez Aug. Courbé. Le troisième volume ne parut qu'en 1655. Comme on le grossit d'*Andromède*, *Don Sanche*, *Nicomède* et *Pertharite*, il n'a pas moins de 570 pages.

3. *Lettre de Guy-Patin*, édit. de Réveillé-Parise, t. III, p. 13-14, lettre du 21 juin 1653.

Depuis que Montauron, cet astre de fortune, s'était éclipsé dans une débâcle, les poëtes n'avaient plus eu de protecteur, vraiment libéral. Maynard, en quête d'un Mécène nouveau et ne le trouvant pas, n'avait pu survivre plus d'un an à la ruine de Montauron, et sa dernière plainte avait été pour la libéralité morte, pour cette vertu signalée, *qu'on a*, disait Corneille, à cette occasion même [1],

Qu'on a depuis longtemps de la cour exilée.

Maynard, ajoutait-il,

Maynard l'a chaque jour criée à haute voix :
Il n'est porte où pour elle il n'ait frappé cent fois ;
Mais sans en voir l'image en aucun lieu gravée,
Il est mort la cherchant et ne l'a pas trouvée.

Que ne pouvait-il attendre ! Fouquet, dont la tâche fut de reprendre, mais avec plus d'intelligence et plus de magnificence encore, sous l'inspiration éclairée de Pellisson, la succession des libéralités de Montauron, l'héritage de sa bienfaisance, Fouquet la lui eût fait connaître. Le pauvre Maynard eût une dernière fois salué *cette haute vertu*, comme dit Corneille encore [2],

Cette haute vertu, cette illustre bannie,
Cette source de gloire en torrent infinie,
Cette reine des cœurs, cette divinité,
J'ai retrouvé son nom : la Libéralité.

A quelle époque Corneille fut-il admis chez Fouquet, et eut-il part à ses largesses ? M. Chéruel [3] suppose que ce dut être en 1657. Il a raison. Nous allons soutenir son hypo-

1. *La Poésie à la Peinture*, dans les *Œuvres diverses*, p. 183.
2. *Id.*, p. 186.
3. *Mémoires sur la vie publique et privée de Fouquet*, t. I, p. 428.

thèse par une preuve. Quelque temps après la prise de Hesdin par les Espagnols, qui eut lieu cette année, Scarron écrivit une lettre assez chagrine à l'un des familiers du surintendant, dans laquelle, après quelques plaintes sur sa méchante fortune, il insinue que les visites des Corneille chez Fouquet et le bon accueil qu'on leur fait lui causent un certain déplaisir. Le pauvret tremble pour son burlesque. Il a grand'peur que le tragique en faveur ne supplante ses petites rimes. « Tout contribue, écrit-il, à me faire détester mon malheur » ; puis, continuant : « Ajoutez à cela, dit-il, le Boisrobert et les Corneille,

Que votre cher patron,
Le moderne Mécène,
A régalés en faveur d'Hippocrène :
Ce qui pourrait troubler le repos de Scarron
Autant que les lauriers du vaillant Miltiade
Empêchaient de dormir un autre Athénien.» [1]

Pension, bon accueil, régal, tout cela n'était qu'à la condition expresse de quelques œuvres nouvelles. Pierre et Thomas n'y répugnèrent pas. Ils ne demandèrent qu'une chose : des sujets, et promirent que les tragédies seraient bientôt faites. Puisque des sujets étaient demandés, Fouquet prit la peine d'en chercher lui-même; il en proposa trois, dont l'un, celui d'*Œdipe*, fut accepté par Pierre, et un autre, celui de *Camma*, fut pris par Thomas.

Un peu plus d'un an après, en février 1659, *Œdipe* était joué avec un succès immense à l'hôtel de Bourgogne ; le roi venait lui-même assister à l'une des représentations [2], félicitait gracieusement l'auteur et, déjà soucieux de ne pas abandonner au fastueux Fouquet le privilége de tous les

1. *Œuvres* de Scarron, 1786, in-8, t. I, p. 237-238.
2. Il y alla le 8 février. V. la *Gazette* du 15.

luxes, le monopole de toutes les générosités, il laissait au poëte surpris mieux qu'un remercîment pour témoignage de sa satisfaction : aussi Corneille ne manquait-il pas d'associer dans son *Avis au lecteur* l'éloge du jeune roi à celui du grand ministre, « surintendant des belles-lettres autant au moins que des finances... » — « Cette tragédie, dit-il, a plu assez au roi pour me faire recevoir de véritables et solides marques de son approbation : je veux dire les libéralités que j'ose nommer des ordres tacites, mais pressants, de consacrer aux divertissements de Sa Majesté ce que l'âge et les vieux travaux m'ont laissé d'esprit et de vigueur. »

Ainsi tout se rassérénait autour du poëte, tout lui revenait à la file : faveur, argent, succès. Que d'autres, ayant moins de courage et de conscience, eussent manqué ce beau regain de fortune! Parmi les poëtes du temps, combien, voyant Fouquet si libéral, n'eussent pas trouvé dans cette libéralité une aiguillon de travail et n'eussent pris l'argent que pour avoir mieux encore une raison de ne rien faire! Combien surtout, tels que Boisrobert, qui, gorgé plus qu'aucun des bienfaits de Fouquet [1], ne les mit à profit pendant sept ans qu'ils durèrent que pour produire sa mauvaise tragédie de *Théodore*, ou tels que Mairet, dont l'hôtel et le château de Belin furent si longtemps les seuls gîtes [2]; combien se fussent laissé grassement héberger et n'eussent en échange rien donné à leur Mécène! Corneille fit le contraire.

Il avait le travail pour loi de sa vie, et la conscience pour règle de son travail. Après que le surintendant l'eut rengagé pour de nouveaux chefs-d'œuvre et enrôlé pour un premier succès en lui donnant le sujet de l'*Œdipe*, il ne s'attarda pas dans l'oisiveté de cette bonne maison, il reprit

1. V. la *Lettre* de Scarron citée plus haut.

2. C'est, par exemple, au château de Belin que Boisrobert lui adressa, le 5 octobre 1657, cette fameuse lettre si hostile au *Cid*.

le coche et s'en revint à Rouen. Au mois de mai 1658 nous l'y trouvons tout recueilli dans son œuvre nouvelle, et craignant de s'en distraire même par une lettre à quelqu'un de ses amis. C'est son frère Thomas qu'il charge d'écrire à sa place [1]. L'an d'après, aux mois de mars et d'avril, bien qu'on joue sa pièce à Paris, il est encore à Rouen. Pendant quelques jours seulement il a paru à l'hôtel de Bourgogne, puis bien vite il est revenu là-bas, dans son ménage, laissant les comédiens faire ce qu'ils veulent des rôles de sa tragédie, et mettre, par exemple, suivant leur fantaisie, une Jocaste nouvelle à la place de celle qu'il avait choisie [2]. Brave homme! tout le satisfait; pour peu qu'on lui écrive quelques mots sur ce qui se passe, il est content.

Il désire toutefois qu'on ne prenne pas pour ces lettres les moyens de communication les plus lents, car alors les retards seraient sans fin. Une fois, il y a quelques années de cela, le P. Boulard, son ami, s'étant avisé de lui faire tenir un paquet par commission et non par message direct, il a dû l'attendre près de trois semaines : aussi, quoiqu'il soit patient, il lui en a fait reproche : « Vous avez eu peur, lui a-t-il écrit [3], de me faire couster du port par le messager, et vostre pacquet a été dix-huit jours à venir de Paris à Rouen, pour me faire cette espargne. Je vous supplie de n'avoir plus cette circonspection, et de croire que la voye du messager n'est pas si onéreuse qu'on n'en soit bien récompensé par la promptitude. »

Corneille, accoutumé par la vie de province à des habitudes qui le tinrent toujours en garde contre celles de Pa-

1. V. la lettre de Thomas Corneille à l'abbé de Pure, du 19 mai 1658, *Œuvres*, édit. Hachette, t. V, p. 570.

2. V. la lettre de P. Corneille à l'abbé de Pure, du 12 mars 1659, et celle de Thomas au même, du 4 avril suivant.

3. Lettre de 1652, la veille de Pâques, *Biblioth. de l'École des chartes*, 1852, p. 352.

ris, n'avait rien, encore une fois, des mœurs oisives et relâchées dans lesquelles s'acoquinaient et dont faisaient parade les poëtes du temps, même les plus sérieux et les plus sages, même Rotrou, qu'il appelait son père[1], et dont cependant il n'eût certes pas voulu suivre la vie.

Comme Tristan[2], comme Boisrobert[3], Rotrou était un effréné joueur qui, furieux lui-même contre sa passion, cherchait tous les moyens possibles de lui dérober quelques épaves de sa bourse et n'y parvenait pas[4]. Corneille, en cela comme pour tout le reste, était de la plus irréprochable continence ; je ne sache pas qu'il ait jamais rien perdu au jeu, si ce n'est pourtant un sonnet[5]. Proche voisin de Fredoc, lorsqu'il habita la rue d'Argenteuil, je jurerais qu'il ne mit jamais les pieds dans son tripot de la place du Palais-Royal[6]. Il ne vivait pas dans les cabarets, comme St-Amant qui finit par y mourir[7], ni comme La Serre qui finit par s'y marier[8]. Quoique bel et bien anobli par lettres royales, ainsi que nous le verrons, il n'était pas fanfaron de noblesse comme Scudéry, dont, par parenthèse, les airs de bravache lui prêtèrent quelque peu à rire dans sa *Réponse aux observations sur le Cid*, où il lui dit sur le ton d'une douce ironie : « Je ne doute ni de votre noblesse ni de votre vaillance, etc. »

1. Les frères Parfaict, *Histoire du théâtre français*, t. IV, p. 462.
2. V. notre notice sur lui dans *les Poëtes français* de M. Eugène Crepet, t. II, p. 539-545, et un excellent article de M. Eug. de Montlaur dans la *Revue du Progrès* du 15 mars 1840, p. 226-230.
3. V. sur lui l'article de Ch. Labitte dans la *Revue de Paris*, 1er sept. 1839, p. 71.
4. V. à ce propos une curieuse anecdote dans l'*Histoire littéraire* de l'abbé Lambert, in-4o, t. II, p. 302.
5. *Œuvres diverses*, p. 208.
6. V. sur ce Fredoc et sa maison de jeu, Boileau, sat. IV, vers 73, et Montfleury, *la Fille capitaine*, acte I, sc. IX.
7. *Chevræana*, p. 33.
8. Tallemant, 1re édit., t. V, p. 28.

Il ne faisait pas, comme Chapelain, étalage de savoir à tout propos, mais en revanche aussi il n'avait pas ce bel orgueil d'ignorance dont se targuait si bien, par exemple, le poëte Bridard, disant dans la préface de son *Uranie*[1] : « Mes vers ont assez de politesse pour m'exempter du nom de pédant... J'ai hanté d'autres lieux que des colléges, etc. » Enfin, toujours simple en toutes choses, il n'avait rien du faste empanaché de ses rivaux ; jamais il n'encourut le blâme que Tristan adressa certain jour à ces poëtes de théâtre dont le luxe faisait injure à son manteau râpé : « Ils sont superbes dans leurs habits, dit-il, leur mine est relevée de mille sortes d'ajustements, et leurs poëmes sont languissants et destitués de conduite. » Corneille, lui, mettait la splendeur dans ses vers, la pauvreté sur son habit.

Croirait-on qu'un jour, tant l'insolence du costume était devenue à la mode chez les rimeurs de cour, quelqu'un, à l'époque de la grande querelle pour le *Cid*, ne craignit pas de faire reproche à Corneille de sa simplicité en la comparant aux splendides dehors de M. Mayret et au grand train qu'il menait bruyamment par la ville et dans les tripots ? C'est l'auteur de la ridicule *Apologie pour M. Mayret contre les calomnies du sieur Corneille, de Rouen*[2], qui se permit cette belle boutade. Après avoir tracé la généalogie de son héros, et conté sa vie magnifique « depuis dix ans qu'on le voit à la cour et dans le grand monde », l'apologiste ajoute avec admiration : « Il a pendant ces dix années plus fait de dépenses en honnêtes débauches et en habits que Corneille n'en saurait faire en toute sa vie ! »

Pauvre grand homme ! on lui faisait reproche de sa modeste existence. Ailleurs on lui reprochait son travail, ou du moins les ressources qu'il y cherchait et qui étaient

1. *Uranie*, tragi-comédie pastorale, 1631, in-8°, *Avis au lecteur.*
2. Paris, 1637, in-8.

presque les seules de sa famille, puisque, sauf deux très-maigres offices aux siéges de l'amirauté de Rouen et de la Table de marbre dont il se défit même dès 1650, il avait tout abandonné pour se livrer mieux au métier des lettres.

Il n'avait pour lui, sa femme et ses six enfants que le théâtre comme gagne-pain; c'est ce qu'on ne voulût pas voir. Habitué qu'on était à la foule des poëtes domestiques qui vivaient plutôt de leur parasitisme que de leurs œuvres, de ce qu'ils mendiaient bien plus que de ce qu'ils écrivaient : on lui chercha querelle de ses efforts à se créer par son labeur non-seulement une existence honnête, mais une indépendance. Difficile problème, qu'il fut le premier à vouloir résoudre par un infatigable courage dont le monde des lettres lui doit tenir compte presque autant que de son génie.

D'assez bonne heure, à l'époque de l'*Illusion comique*, en 1636, il avait dit :

> Le théâtre est un fief dont les rentes sont bonnes ;

et, bien persuadé de ce qu'il disait, il n'avait rien négligé pour que les rentes de ce fief fussent ce qu'elles devaient être. D'après les soins qu'il y mettait, et le génie qu'il y sentait passer avec son ardent travail, il calculait ce que chaque œuvre pouvait valoir, et, sans mesquine spéculation, mais tout en conscience, il faisait son prix. Les comédiens, qui ne voyaient que l'argent donné pour l'ouvrage, et non ce que l'ouvrage rapportait, criaient alors bien haut, d'autant plus qu'ils comparaient le prix payé à Corneille avec celui qu'ils avaient payé jadis aux poëtes les plus en renom, au célèbre Hardy, par exemple. « M. Corneille, disait un jour Mlle Beaupré, tante de Mlle Marotte, M. Corneille nous a fait grand tort. Nous avions, ci-devant, des pièces de théâtre pour trois escus, que l'on nous faisoit en une nuit ; on y estoit accoutumé, et nous gagnions beaucoup. Présentement, les pièces de M. Corneille nous coûtent bien de l'argent, et nous gagnons peu de chose [1]. » C'est que M. Corneille, sentant qu'il n'était pas un poëte à trois écus la pièce, ne voulait pas être non plus ce que ces poëtes avaient été. Il prétendait bel et bien ne pas passer pour le premier valet des comédiens, moins encore pour leur plastron et leur jouet, comme Hardy l'avait été, s'il faut en croire ce que raconte Tristan dans son autobiographie, *le Page disgracié* [2]. Corneille voulait qu'on le respectât, et, vrai Normand, afin d'y mieux parvenir, il commençait par demander pour ses œuvres un prix respectable.

Il laissa dire les envieux, qui criaient parce qu'ils n'eussent pu se faire payer autant : le grotesque sieur Gaillard d'abord, qui, en 1634, sachant quelle somme notre poëte venait de tirer de sa seconde et de sa troisième pièce, disait :

> Corneille est excellent, mais il vend ses ouvrages ; [3]

puis, deux ans après, l'auteur de la *Lettre d'Ariste*, qui, prenant à rebours la conduite de Corneille lorsqu'il cherchait à se faire payer suivant son travail et d'après ce qu'il s'estimait, ne craignait pas de parler « de l'humeur vile de cet auteur et de la bassesse de son âme ! » De telles injures retombent sur celui qui les jette; aussi Corneille, encore une fois, ne faisait-il que s'en moquer. Ayant pleine conscience de ce qu'il avait tenté pour s'affranchir du caprice des comédiens, il se moquait de même de l'injurieux contre-sens des paroles de l'abbé d'Aubignac, qui l'appelait « le valet des histrions et des libraires. » Ni ceux ci ni ceux-là n'étaient ses maîtres, et ce qui prouve au mieux combien il

1. *Segraisiana*, 1re édit., p. 192.
2. 1667, in-12, t. I, ch. 9.
3. *Œuvres* du sieur Gaillard, 1634. in-8, p. 33.

en était indépendant, c'est que continuellement il en changeait; c'est qu'il allait en pleine liberté, tantôt à l'hôtel de Bourgogne, tantôt au Marais, et tantôt chez Molière, pour faire jouer ses pièces; et tour à tour aussi chez Courbé, Quinet, De Luyne, Billaine ou Sercy, pour les faire vendre.

Sercy, vers 1663, lui donna un bon prix pour quelques-unes de ses poésies détachées, dont il comptait faire le principal attrait du *Recueil* en cinq parties publié alors à sa librairie. Là-dessus, l'abbé d'Aubignac qui ne pouvait trouver ni où faire jouer une pièce ni où faire imprimer une page, se mit à déborder en injures et contre Corneille et contre ce pauvre Sercy, « méchant petit libraire et le dernier des fripons! [1] »

L'idée que des comédiens ou un libraire tireraient de ses œuvres un profit qu'il ne partagerait pas répugnait singulièrement à Corneille, plus par dignité encore que par intérêt. Le libraire P. Le Petit, après la vente très-heureuse des deux premiers livres de l'*Imitation*, lui ayant refusé une somme convenable pour les deux autres, il rompit net avec lui en 1654, et passa marché aussitôt avec Ballard, chez qui nous vous l'avons montré faisant jusqu'à trente-deux éditions de son ouvrage. Le Petit voulut se venger, il acheta de Desmarets une mauvaise traduction, aussi en vers, la fit imprimer en toute hâte, et la mit en vente l'année même de la rupture de son marché avec Corneille, à qui il comptait faire ainsi la plus redoutable concurrence. Tous les exemplaires restèrent dans sa boutique [2].

Nous avons dit qu'une pièce, sitôt qu'elle était imprimée, pouvait être représentée par n'importe quelle troupe de co-

1. L'abbé d'Aubignac, *Troisième et quatrième Dissertations*, p. 171-172.

2. V. sur cette traduction de Desmarets le *Manuel* de Brunet, dernière édit., t. III, p. 422, et surtout le *Nouveau Portefeuille historique et littéraire* de Braxen de la Martinière, 1755, p. 151-155.

médiens, sans aucun profit pour l'auteur, obligé ainsi de se contenter des sommes que lui avait payées le premier théâtre qui l'avait jouée. Corneille, sachant cela, livrait le plus tard possible ses ouvrages à l'impression. Le premier recueil qui en fut donné [1] parut même, à ce qu'il semble, malgré lui : « C'est contre mon inclination, dit-il dans l'*Avis au lecteur*, que les libraires vous font ce présent. »

Le *Cid*, *Horace*, *Cinna*, ne furent imprimés que l'année qui suivit les représentations, lorsque leur premier succès fut épuisé. *Polyeucte* même, joué en 1640, ne fut publié qu'en 1643. Corneille ne faisait ainsi qu'user d'un droit très-naturel, très-légal. Il sauvegardait son bien en ne le livrant pas, et empêchait que d'autres en fissent leur proie : quoi de plus juste? On trouvait cependant encore moyen de médire en cela de sa conduite. Chapelain, écrivant à Balzac, le 9 mars 1640 [2], un peu avant la représentation publique de la tragédie d'*Horace*, lui annonce qu'il ne doit pas s'attendre à la voir imprimée avant plusieurs mois, parce que les comédiens veulent avoir le temps d'en vivre avant que la publication l'ait livrée à tout le monde, et il ajoute dans une phrase du plus mauvais et du plus injuste esprit : « Telles sont les conventions des poëtes mercenaires, et tel est le destin des pièces vénales! » Ainsi la haine ou l'envie tournaient à mal tout ce que faisait Corneille, incriminaient chaque action, faisaient un ridicule de chaque parole.

Protége-t-il les comédiens du Marais et les préfère-t-il aux autres pour la représentation de la plupart de ses pièces, vite on dit que c'est par politique, pour avoir un théâtre à lui et s'en réserver tous les profits. Tallemant, qui est aux écoutes, recueille ces cancans, les enjolive de sa

1. 1644, 1 vol. pet. in-12.

2. Lettre publiée pour la première fois par M. Taschereau dans sa dernière édit., p. 95.

propre médisance, et conclut contre Corneille par cet arrêt décisif : « C'est un grand avare ! [1] » Venant à Paris, courir tous les risques d'une fortune plus modeste à Rouen, mais plus sûre aussi, se montre-t-il heureux d'obtenir à l'hôtel de Guise ce gîte qu'avait eu Tristan, à qui personne ne l'a reproché, vite les propos malveillants recommencent, et Tallemant s'en fait encore l'écho. Il ne lui pardonne pas cette hospitalité obtenue, cette pauvre petite chambre, et il dit de nouveau : « C'est dommage que cet homme n'est moins avare [2]. » Corneille, enfin, dans un de ces jours de franchise dont nous connaissons déjà les expansions ingénues, s'est-il laissé aller à dire que si la gloire est belle, l'argent est bon aussi, et que s'il faut l'une pour survivre, il faut l'autre pour vivre, aussitôt la malveillance s'empare du mot et l'arrange à sa manière. Les confrères et les amis ne sont pas les derniers à en donner une version désobligeante. L'académicien Charpentier, par exemple, qui l'a entendu, le tourne au gré de sa petite envie, et après l'avoir envenimé à point, le fait distiller ainsi par M. de Fredeville, dans son dialogue, *le Libraire du Palais* [3] : « Corneille, avec son patois normand, vous dit franchement qu'il ne se soucie point des applaudissements qu'il obtient ordinairement sur le théâtre, s'ils ne sont suivis de quelque chose de plus solide. »

Lors même qu'il se fût exprimé avec cette sorte de cynisme qui met l'argent au-dessus de la gloire, Corneille n'eût pas été si coupable ! Ceux qui le condamnaient connaissaient-ils comme lui les charges de sa lourde famille ? Pour lui était la gloire d'une œuvre, pour sa famille en était le gain, et l'on comprendrait qu'à certaines heures

1. *Historiettes*, éd. P. Paris, t. VII, p. 174.
2. *Id.*, p. 254.
3. *Carpenteriana*, 1741, in-8, p. 110.

d'extrême nécessité la recherche de l'un pût même, dans ce grand esprit, passer avant l'amour de l'autre.

Seul, on peut être désintéressé dans la gloire; mais entouré d'une famille à laquelle on se doit avant tout, ayant, comme Corneille, « deux fils à entretenir aux armées, » ainsi qu'il écrivait à Colbert [1] ; un autre fils dont il fallut payer l'éducation chez les jésuites pendant quelque temps, et pas assez, hélas! car le pauvre enfant mourut trop tôt [2]; un autre encore pour lequel il fallut pourvoir jusqu'à ce qu'il eût reçu le bénéfice d'Aigueville [3]; puis deux filles, qui demandèrent une dot, l'une pour épouser M. de Guénebault [4], l'autre pour entrer chez les Dominicaines de la porte Cauchoise, à Rouen [5], ce qui força Corneille de grever d'une hypothèque de 3,000 livres sa pauvre petite maison de la rue de la Pie [6], car on ne peut être à Dieu qu'argent comptant : ayant, dis-je, de telles charges, de telles nécessités, on pouvait bien, comme Corneille, garder au milieu de préoccupations plus hautes quelques préoccupations d'intérêt. Cependant, comme en son inflexible fierté il aurait rougi de laisser croire que sa recherche du gain venait du besoin, il aimait peut-être mieux que l'on crût à son avarice. Il aurait été déshonoré si l'on eût dit : « Il est misérable »; on disait : « Il est avare », l'honneur était sauf.

1. *Œuvres diverses*, édit. Hachette, 1857, in-12, t. V, p. 391-392.

2. Il s'appelait Charles et promettait beaucoup. Il mourut en 1667, n'ayant guère que quatorze ans.

3. Il l'obtint vers 1680, suivant l'abbé Granet, dans une note au bas du placet en vers présenté par Corneille en faveur de ce troisième fils, pour lequel il postula plus de quatre ans. *Œuvres diverses*, 1738, in-8, p. 102.

4. Elle épousa en secondes noces M. Jacques de Farcy, de qui elle eut une fille qui fut l'aïeule de Charlotte Corday.

5. Emman. Gaillard, *Précis des travaux de l'Académie de Rouen pour l'année* 1834, p. 166.

6. Ballin, *Notice sur la maison et la généalogie de Corneille*, 1833, in-8, p. 8.

Avare! Ce qui prouve qu'il ne l'était que d'apparence, et non réellement, c'est qu'il s'entendait fort mal à ce grand art du gain, pour lequel il se laissait faire tant de querelles. Celui qui aime l'argent sait toujours le gagner; et pour cela, quoi qu'il pût faire, Corneille s'en tint toujours à l'ignorance. Il avait, par besoin, la bonne volonté des affaires, mais il n'en possédait ni l'aptitude ni la conduite. « Rien, — dit son neveu Fontenelle, que les confidences de sa mère, sœur de Corneille et sa meilleure conseillère, mettaient à même de bien parler de tout cela, — rien n'était égal à son incapacité pour les affaires que son aversion. Les plus légères lui causaient de l'effroi et de la terreur. Quoique son talent lui eût beaucoup rapporté, il n'en était guère plus riche. Ce n'est pas qu'il eût été fâché de l'être, mais il eût fallu le devenir par une habileté qu'il n'avait pas, et par des soins qu'il ne pouvait prendre. »

Corneille n'avait de dédain pour rien de ce qui pouvait dépendre de son métier de poëte. Il lui demanda tout ce qu'il pouvait honorablement donner, sentant bien que, par son talent il saurait toujours ramener à sa hauteur ce qui pouvait d'abord sembler au-dessous de lui. Vers sacrés, vers profanes, poëmes honorifiques, remercîments poétiques, tout lui paraissait bon, du moment que quelque ami serait heureux de son travail, ou bien encore que quelque grâce ou quelque bien-être en rejaillirait sur sa famille. Que de vers ne fit-il pas, par exemple, pour complaire aux nombreux amis qu'il avait dans l'Église ou dans les cloîtres.

Un bon prêtre, l'abbé Legendre, curé d'Hénouville, près de Rouen, lui avait ouvert, pendant plusieurs belles saisons, au temps de sa jeunesse, l'hospitalité de sa riante maison [1], et

1. Emm. Gaillard, *Précis des travaux de l'Académie de Rouen pour l'année* 1834, p. 164-165; Marty-Laveaux, *De la langue de Corneille*, 1861, in-8, p. 45.

Corneille, devinant ce que le bon curé trouverait de gloire à être chanté par une muse comme la sienne, écrivit tout un poëme sur le joli presbytère, son site admirable, ses parterres et ses vergers.

C'est en 1642 ; il était marié depuis deux ans et ne pouvant aller demander à la pieuse maison, pour tout son ménage, ce qu'il avait si longtemps obtenu de gracieuse hospitalité pour lui seul, il devait un remercîment d'adieu à l'excellent prêtre. Ce fut ce petit poëme, aussitôt imprimé, distribué aux amis, mais peu à peu si complétement perdu, qu'il n'en existe plus qu'un exemplaire, celui que possède la bibliothèque de Rouen[1].

Dans les jardins d'Hénouville, Corneille avait admiré, parmi un million de fleurs, « un nombre infini de tulipes de prix ; » le lis, « qui passe en blancheur et la neige et le lait, » etc. Or, l'année qui précéda ses adieux, il avait chanté ces mêmes fleurs et quelques autres de son ton le plus gracieux, pour orner de leur galant éloge la fameuse *Guirlande de Julie*[2]. Mlle de Rambouillet n'avait eu que la senteur poétique du bouquet dont Corneille avait respiré le vrai parfum dans les parterres du bon curé.

Je ne sais si ces madrigaux à Julie, dont la gloire fut plutôt pour M. de Montausier, qui les offrait, que pour le poëte qui les avait écrits, étaient aussi des rimes de gratuite complaisance ; mais pour beaucoup d'autres je répondrais du désintéressement absolu de Corneille.

Lorsqu'à la fin de l'année 1639, la famille de Blaise Pascal était venue s'établir à Rouen, où le père devait être chargé de l'intendance, Corneille, qui sentait du génie dans cette maison, se fit une joie de la visiter souvent, s'atta-

1. Brunet, *Manuel du Libraire*, dernière édit., t. II, p. 286.

2. On sait que ce furent les étrennes de M. de Montausier à Mlle de Rambouillet le 1er janvier de l'année 1641.

chant surtout à la petite Jacqueline, chez qui, poëte, il avait tout d'abord deviné l'enfant poëte, et dont il se plut à compléter l'éducation par ses conseils. « M. Corneille, dit Gilberte Pascal, dans la notice qu'elle écrivit sur sa sœur [1], ne manqua pas de nous venir voir ; il était ravi des choses qu'elle faisoit, et il la pria de composer des vers pour la Conception de la Vierge, qui est le jour qu'on donne les prix. Elle fit des stances, ajoute Gilberte, et on lui en porta le prix avec des tambours et des trompettes, en grande cérémonie. » Rien n'avait manqué à cette fête que la présence de celle qui s'y était fait un triomphe précoce. Il fallait, suivant l'usage, remercier *le Prince* ou président de l'assemblée, mais comment s'y prendre, Jacqueline n'étant pas là ? L'ami Corneille y pourvut. Lui qui n'improvisait guère d'ordinaire, il fit, à l'impromptu, une dizaine de vers [2], qui ne sont pas excellents, mais qu'on applaudit fort pour l'intention [3]. Nous ferons de même. On voit que lorsqu'il s'agissait de plaire à des amis ou de leur être utile, rien ne lui répugnait, fût-ce, au besoin, ce qui était le plus contraire à son talent.

Les vers étaient tout pour lui : c'était sa seule arme, sa seule défense, sa seule monnaie. En 1647, le peintre Ch. Lebrun, qu'il avait connu je ne sais comment, avait fait de lui un portrait fort beau, le seul même qui soit aujourd'hui déclaré vraiment ressemblant [4]. De quelle façon Corneille

1. Victor Cousin, *Jacqueline Pascal*, 3e édit., p. 37.

2. Ils ont été publiés pour la première fois, par M. V. Cousin, dans le *Bulletin du Bibliophile*, juin 1843, p. 273.

3. Sainte-Beuve, *Histoire de Port-Royal*, t. I, p. 127 ; II, p. 463.

4. Ce portrait, longtemps oublié, gravé une première fois par Thomassin en 1730, puis par Dupin en 1740, et enfin en 1776 par Ficquet, dont la vignette est excellente, se trouve aujourd'hui chez M. le comte d'Osmoy, au château du Plessis, près de Pont-Audemer. Il est venu chez M. d'Osmoy par un legs que lui fit, en 1842, Mme d'Aneville, qui le tenait elle-même de Mme de Bouville, auparavant Mme de Montigny, chez qui Fon-

pourra-t-il reconnaître cette faveur du peintre ; comment le payera-t-il ? En cette monnaie dont je viens de parler. L'année suivante, l'*Académie de peinture*, dont, comme idée et comme organisation, tout l'honneur revient à Lebrun, fut établie par lettres royales [1]. Il fallait quelques vers pour fêter cette fameuse fondation : Corneille fit un petit poëme de cent vers environ : *la Poésie à la Peinture*, *en faveur de l'Académie des peintres illustres* [2] ; et il fut quitte.

Lorsqu'il s'était, sous l'inspiration de Fouquet, rengagé pour le théâtre, comme nous l'avons vu plus haut, on avait crié bien fort dans le monde de la dévotion, qui le perdait après avoir cru le bien tenir. On l'avait attaqué comme pour une apostasie. Que fit Corneille pour se justifier ? Il continua de mener de front sa vie tout édifiante et ses œuvres profanes, prouvant ainsi que rien dans tout cela n'était incompatible. Il alla du même pas faire répéter une tragédie nouvelle et entendre un sermon nouveau ; assister aux débuts d'une actrice, et à celui d'un prédicateur ; surveiller, par exemple, comme il fit à la fin d'avril 1666, les apprêts de son *Agésilas ;* puis, quelque temps après, applaudir à la première homélie de l'abbé Tallemant : apportant ici et là, même attention et même langage, sans s'inquiéter s'il félicitait l'acteur en style de Bible et le prédicateur en style de tragédie. *Vous n'avez*, dit Subligny, rapportant dans sa *Muse Dauphine* [3] les paroles de Corneille au premier sermon du jeune abbé Tallemant :

> Vous n'avez entendu jamais rien de charmant

tenelle était mort. V. sur tout cela une notice de M. Hellis, de l'Académie de Rouen, *Découverte du portrait de Corneille peint par Ch. Lebrun*, 1848, in-18.

1. *Mémoires inédits sur la vie et les ouvrages des membres de l'Académie de peinture*, 1854, in-8, t. I, p. 16.

2. *Œuvres diverses*, p. 182-186.

3. 1667, in-12, p. 90.

Comme ce monsieur Tallemant.
C'est la première fois qu'il entre dans la chaire,
Mais Corneille, qui l'entendit
Prescher en homme extr'ordinaire,
Dit pour lui les deux vers que le *Cid* avait dit :
Qu'à deux fois ses pareils ne se font pas connoistre
Et pour leur coup d'essay veulent des coups de maistre.

La cabale dévote n'était pas satisfaite. Il lui fallait Corneille sans partage; le poëte ne pouvait être pardonné que s'il faisait quelque poésie exclusivement pieuse. Il s'exécuta. En 1665, ayant choisi, pour mieux faire acte de contrition, le sujet le plus ingrat, il traduisit en vers les rimes latines consacrées par saint Bonaventure aux *Louanges de la Vierge*; triste poésie de bréviaire, vrai latin de pénitence[1]. Les dévots ne furent pas encore contents, parce que Corneille, vers la même époque, se permit deux tragédies nouvelles, non pas des mellleures, il est vrai, puisque c'étaient l'*Agésilas* et l'*Attila*. Leur insuccès lui fut compté comme atténuation de péché. Quand la dernière pièce, l'*Attila*, avait paru, la fureur dévote s'était si hautement déclarée, que Corneille avait cru bon de dire dans la *préface*, pour se mettre un peu à l'abri : « Je soumets tout ce que j'ai fait et ferai à l'avenir à la censure des puissances, tant ecclésiastiques que séculières, sous lesquelles Dieu me fait vivre. » N'importe, il fallut encore une pénitence, et Corneille se mit à traduire le reste du bréviaire, pour un nouveau volume, de 528 pages, qui parut chez Ballard en 1670[2]. Les génovéfains, qui croyaient pouvoir être plus exi-

1. *Lovanges de la sainte Vierge, composées en rimes latines par sainct Bonaventure et mises en vers françois par P. Corneille.* Paris, G. Quinet, 1665, in-12.

2. *L'Office de la Vierge, traduit en françois, tant en vers qu'en prose, avec les sept psaumes pénitentiaux, les vespres et complies du dimanche et tous les hymnes du bréviaire romain*, par P. Corneille. Paris, Rob. Ballard, 1670, in-12.

geant pour Corneille parce que son frère était de leur ordre, demandèrent, à leur profit, une petite pénitence particulière, et le poëte, toujours docile, s'imposa la tâche d'une nouvelle poésie de bréviaire. Il mit en strophes françaises les *hymnes* du propre de l'abbaye Sainte-Geneviève et les offrit au chapitre en plusieurs pages écrites de sa plus belle plume [1].

Il en fit autant pour les *hymnes* de l'abbaye S.-Victor, mais ce fut cette fois par amitié pour Santeul, qui les avait écrites, et dont il aimait tant à mettre les beaux vers latins en beaux vers français. Une des plus belles pièces du spirituel victorin qu'il ait ainsi honorées d'une version poétique mérite ici deux mots d'histoire : d'abord, parce qu'aucune biographie de Corneille n'en a parlé ; ensuite, parce qu'en reproduisant cette traduction dans ses œuvres, on n'a même pas dit que la poésie latine était de Santeul. Je trouve, qui pis est, dans quelques éditions, notamment dans la dernière [2], ces deux lignes au bas de la traduction de Corneille : « Ces vers sont imités d'une pièce latine dont l'auteur est inconnu. » Or, que l'on ouvre les *Santolii Opera*, édition de 1698, et l'on y trouvera, de la page 8 à la 11e, ces vers latins... d'un auteur inconnu.

Santeul, qui s'était maintenu dans les grâces de la prévôté des marchands de Paris depuis qu'en 1669, son parent Henry de Santeul avait été, sous Claude Le Peletier, quartenier de cette prévôté, avait composé la pièce dont nous parlons, à la demande des *gardes des marchands merciers de la ville*, dans les circonstances que voici :

1. Elles ne furent retrouvées qu'en 1844 dans les manuscrits de la bibliothèque Sainte-Geneviève, par M. P. Faugère, qui les publia pour la première fois dans la *Nouvelle Revue encyclopédique*, no de mars 1847, p. 466-478. « En tête du premier feuillet, dit-il, se trouvent ces mots d'une autre écriture : « L'auteur de ces vers est M. Corneille, de la main même duquel « ils sont écrits.»

2. *Œuvres complètes* de P. Corneille, L. Hachette, 1857, in-18, t. V, p. 275.

Le roi, à la fin de 1673, avait grand besoin d'argent et ne savait où en prendre. Colbert lui conseilla de s'adresser aux merciers, le plus considérable et le plus riche des six corps, en leur proposant, s'ils voulaient bien prêter cinquante mille livres, d'accorder à leur corps le premier rang sur les cinq autres, le droit de nommer chaque année plusieurs membres au tribunal des juges-consuls, et enfin l'affranchissement d'une servitude qui, depuis quelques années, grevait leur commerce. Les merciers rendirent grâce à Sa Majesté, acceptèrent avec reconnaissance l'affranchissement proposé, dirent qu'ils étaient contents de leur rang entre les six corps, ainsi que de l'usage établi pour le consulat, et, sans plus de retard, prêtèrent les cinquante mille livres demandées.

Peu après, l'année ayant été bonne au dedans, grâce à Colbert; au dehors, grâce à Turenne, à Condé et à Schomberg, le roi put rendre l'argent. Il le fit d'une façon toute gracieuse, toute royale. A la somme remboursée il ajouta deux mille écus pour Messieurs de la mercerie, afin qu'ils pussent faire prier Dieu pour lui, décorer leur chapelle du Sépulcre en la rue Saint-Denis, et boire à sa santé.

On n'eut garde de manquer à tout cela. Messieurs du bureau firent célébrer avec pompe les prières des quarante heures pour Sa Majesté, et la prospérité de ses armes; pendant plusieurs jours il y eut, au siége de la corporation, une table de vingt couverts, magnifiquement servie, pour les notables du métier, les prélats qui avaient officié, les prêtres à leur suite, etc.; puis toutes les pauvres famille des marchands furent mandées, et on leur fit de larges aumônes; enfin, comme le désir du roi était que l'église du Sépulcre reçût une décoration nouvelle en souvenir de son royal présent, on commanda, pour le rétable du maître-autel, un tableau de belle taille au célèbre Lebrun. Il y peignit le Sauveur sortant du tombeau, en ayant soin, par une flatterie à laquelle applaudirent beaucoup Messieurs des six corps, de prêter la figure de

Colbert au personnage tenant l'un des coins du linceul.

Il fallait un digne témoignage, un souvenir poétique de cet événement si mémorable pour le corps de la marchandise parisienne; on en chargea Santeul et Corneille. Sitôt que l'un eut fait son poëme latin, et que l'autre en eut achevé la traduction en vers français, le tout fut magnifiquement copié, relié et déposé dans les archives du bureau de la mercerie[1]. Une copie fut livrée à l'impression, et parut en vente chez P. Le Petit, avec une belle figure de la ville de Paris par Chauveau[1], peu de temps après la prise de Dole, qui vint ajouter une joie à toutes ces fêtes. C'est le 6 juin 1674 que Dole avait été prise, c'est-à-dire le jour même où Corneille entrait dans sa soixante neuvieme année. Sitôt que cette belle conquête fut connue à Paris, les réjouissances recommencèrent au bureau de la mercerie. Une grande collation fut donnée, à laquelle assistèrent M. le lieutenant général de police, M. le procureur du roi, tous les anciens gardes du métier, et aussi sans doute Lebrun, Santeul et Corneille, qui certes y avaient bien droit. Il me semble que je vois à la même table : Corneille, sobre, modeste et pensif, auprès de Lebrun, fastueux et solennel, et de Santeul, glouton et petillant.

Il dut avoir aussi, ce nous semble, quelque part aux deux mille écus donnés par le roi. C'était le casuel du métier, c'étaient les petits profits, au moment où les grands n'arrivaient plus guère : car Corneille venait de donner *Pulchérie*, dont le succès n'avait été ni ce qu'il s'était efforcé de croire[2], ni ce que le *Mercure* avait dit, en s'inspirant de sa

1. Il en fut donné une nouvelle édition très-somptueuse en 1770, avec une introduction historique, analysée avec soin dans les *Mémoires secrets*, édit. J. Ravenel, 1830, in-8, t. III, p. 99-100. — Il faut aussi consulter sur tout cela la *Description historique de Paris*, par Piganiol de la Force, 1765, in-8, t II, p. 146-147.

2. « J'aurois de quoi me satisfaire, dit-il dans sa *préface*, si cet ouvrage

confiance[1]; et il ne lui restait plus qu'à faire jour à *Suréna*, destiné à tomber sous une fortune encore plus désastreuse !

Ces petits bénéfices par accident, ces bonis du hasard, qui font dans tous les ménages, surtout dans ceux des poëtes, des surprises triomphantes, furent toujours un des bonheurs de Corneille. N'ayant que fort difficilement le principal, il chercha souvent sa vie dans l'accessoire. Une fois installé à Paris, et pouvant ne plus manquer à une seule séance de l'Académie française, dont après bien des difficultés on l'avait fait membre en 1646, il se fit de cette assiduité un revenu. Le *jeton* de présence qu'il rapportait chaque fois était toujours impatiemment attendu dans le ménage ; c'était une de ses ressources. Aussi est-ce un peu de lui-même qu'il se moquait, lorsqu'un jour il inventa, suivant Furetière[2], le mot *jetonnier* pour désigner ces académiciens à la présence infatigable dont le dîner eût souffert d'une inexactitude à l'Académie.

Malgré tout cela, en dépit de ces petits moyens, Corneille fut presque toujours « dans la plus grande nécessité du monde », pour nous servir de l'expression de Molière. Même au temps qui passe pour avoir été le plus heureux de sa vie, ou du moins le plus aisé, même à l'époque du grand succès de son *Imitation*, il ne fut, comme Sarrasin le donnait à penser dans une lettre à Balzac longtemps inédite[3], il ne fut jamais « gentilhomme de deux mille écus de rente ».

est aussi heureux à la lecture qu'il l'a été à la représentation » ; ce qui fait dire à Voltaire, d'accord avec Mme de Sévigné, mais comme toujours trop injuste : « Il se flatte beaucoup trop. Cet ouvrage ne fut point heureux à la représentation et ne le sera jamais à la lecture. »

1. *Mercure galant* (juillet 1673), t. IV, p. 225-226.

2. *Second factum pour messire Antoine Furetière, abbé de Chalivoy, contre quelqu'un de l'Académie françoise*, Amsterdam, 1688, in-12, p. 7, 31.

3. Elle a été donnée tout entière par M. Cousin, *la Société française au XVIIe siècle*, t. II, p. 404.

Et sur la fin, quel dénûment! quelle misère! Il n'était pas de musicien de guinguette dont la fortune ne valût mieux que la sienne. Si Mouton, le joueur de luth, dont il avait dans son jeune temps applaudi les gentils accords, pour qui même peut-être il avait bien voulu composer quelques vers en patois de Rouen, en langage *purin*[1], avait encore vécu, Corneille, le grand Corneille eût envié l'argent que lui gagnait son luth. Les joueurs de violon même, qui passaient pour être les derniers dans le moins considéré des arts, les *violons*, dont le nom était alors synonyme de drôles, se faisaient une aisance dont n'approchait pas sa misère.

Corneille, jadis l'enthousiasme de la cour et de la ville ; Corneille, une des gloires les plus incontestées de la France, que Louis XIV lui-même, par un retour d'admiration, avait voulu remettre dans tout son lustre lorsqu'en octobre 1676 il avait commandé qu'on reprît sur le théâtre de la cour *Cinna*, *Pompée*, *Horace*, *Sertorius*, *Œdipe*, *Rodogune*[2]; Corneille, à qui l'on rendait la gloire parce qu'elle était pour l'État tout entier, sans songer à sa misère parce qu'elle n'était que pour lui seul et les siens ; Corneille, à ce même moment, n'obtenait pas pour ses œuvres la moitié du gain

1. Sarrasin, *Œuvres*, 1696, pet. in-8, p. 441. M. Floquet, dans son édition du *Diaire* du chancelier Séguier, p. 117, donne une curieuse note sur les *purins*; mais, lorsqu'il croit que Mouton était un poëte, il commet une erreur. C'était un musicien, le passage de Sarrasin ne permet pas d'en douter. Peut-être est-ce lui que Corneille appelle *Ariste* dans la célèbre *Excuse* où il se dit incapable de faire le moindre vers de chanson sur un air écrit d'avance.

2. *Polyeucte* ne fut pas joué par raison de piété ; *Nicomède*, où, comme nous le verrons, on reconnaissait toujours Condé, fut tenu à l'écart pour cause politique ; et le *Cid* de même, ainsi que nous l'expliquerons plus loin. On était, en 1676, trop avant dans une guerre avec l'Espagne pour souffrir cette glorification de l'héroïsme espagnol. Ces représentations de 1676 valurent à Louis XIV un remercîment de Corneille, que l'abbé Granet imprima le premier d'après un manuscrit. *Œuvres diverses*, 1738, in-8, p. 100.

que se faisait avec son violon le sieur Augustin-Jean Le Peintre, un des musiciens les plus obscurément perdus dans l'orchestre des concerts de Lulli [1] ! Si vous en doutez, écoutez ce qu'a dit Richelet, en 1679, dans ce curieux *Dictionnaire* où, cherchant des mots, on trouve des satires, et sous les satires des vérités : « Le poëte Martial, écrit-il[2], disoit autrefois que pour faire fortune à Rome il falloit être violon. Quand on diroit aujourd'hui la même chose de Paris, on diroit peut-être assez la vérité. Le Peintre, l'un des meilleurs joueurs de violon de Paris, gagne plus que Corneille, l'un des plus excellents et de nos plus fameux poëtes françois. »

La même année, qui sait! peut-être au moment même où Richelet écrivait cette phrase douloureuse, un ami, un parent de Corneille, qui l'était venu voir à Paris, en confirmait la vérité par la plus navrante anecdote. On ne l'a connue que bien tard, en 1834, cette anecdote, et cependant elle est aujourd'hui le trait le plus populaire de la vie du malheureux grand homme, comme si sa lumière avait besoin de cette ombre, sa pauvreté de cette vengeance. Nous ne voulions pas reproduire le fragment de lettre où elle se trouve, mais nous ne pouvons nous en empêcher. Si d'ailleurs on sait le fait, on n'en connaît pas autant la première et toute naïve rédaction. La voici telle que l'a donnée M. Emmanuel Gaillard, auquel il est bon de restituer pleinement l'honneur de la découverte [3]. Le parent de Corneille l'est donc venu voir, ils ont dîné, puis sont sortis ensemble.

1. Nous n'avons pu trouver le nom complet de cet illustre mieux payé que Corneille que dans un compte : *Depenses de menus plaisirs et affaires de la chambre du Roy pendant l'année 1677, analyse d'un manuscrit de la Bibliothèque de Rouen*, par A. de Montaiglon, 1857, in-8, p. 7.

2. Nous avons cité le premier ce curieux passage dans notre *Paris démoli*, 1re édit., 1853, in-18, p. 32-33.

3. *Précis des travaux de l'Académie de Rouen pour l'année* 1834, p. 167. Tous les journaux reproduisirent aussitôt ce fragment de lettre. V. no-

Après une longue course dans le quartier des Écoles, où Corneille avait toujours beaucoup de personnes à voir : les libraires, les jésuites, les savants, etc., ils sont rentrés. Le Rouennais s'est couché, et le lendemain il a écrit : « J'ay vu hier nostre parent et amy : il se porte assez bien pour son âge. Il m'a prié de vous faire ses amitiez. Nous sommes sortis ensemble après le dyner, et en passant par la rue de la Parcheminerie, il est entré dans une boutique pour faire raccommoder sa chaussure qui estoit descousue. Il s'est assis sur une planche et moy auprès de luy ; et, lorsque l'ouvrier eut refaict, a donné trois pièces qu'il avoit dans sa poche. Lorsque nous fusmes rentrez, je luy ai offert ma bourse, mais il n'a point voulu la recevoir ni la partager. J'ay pleuré qu'un si grand génie fust à cet excès de misère. »

La Bruyère, qui vivait à l'hôtel de Condé, dans ce même quartier Saint-Jacques, devait souvent y rencontrer Corneille, et chaque fois s'apitoyer sur sa pauvreté, à laquelle faisaient insulte le faste de tant de parvenus et le luxe même des acteurs qu'il avait enrichis. Un jour, après une de ces douloureuses rencontres, il rentra et écrivit. « Le comédien couché dans son carrosse jette de la boue au visage de Corneille qui est à pied [1]. » Corneille éclaboussé, Corneille crotté, comme le Colletet de la satire ! Ce n'était que trop vrai ; Voltaire nous l'a dit aussi. Il en savait long sur la vieillesse du grand homme : son père « avait bu avec lui [2] ». le P. Tournemine, l'un de ses premiers maîtres, l'avait bercé de contes sur Corneille pour le dédommager des vers d'*Agésilas*, qu'il s'obstinait à lui faire apprendre [3] ; enfin, comme

tamment *le Cabinet de lecture* du 3 avril 1835, p. 9. — C'est ce qui explique la popularité de l'anecdote. M. Levavasseur, qui se la rappelait mal, en met la scène sur le Pont-Neuf. *Vie de Corneille*, p. 225.

1. Edit. Walkenaër, p. 454.

2. *Lettre* à l'abbé d'Olivet, sept. 1761.

3. Remarques sur *Agésilas*.

il le dit lui-même, « élevé dans la cour du Palais, par des gens qui avaient vu longtemps Corneille » ; ayant toujours dans l'esprit, avec la lucidité que gardent les souvenirs de l'enfance, tout ce qu'il en avait entendu dire « par les bons vieillards », Marcassus, mort à quatre-vingt-quatre ans chez son père [1]; Réminiac, Tauvières, Regnier, etc., il pouvait parler savamment. Or voici ce que çà et là dans quelques lettres, et dans son *Commentaire*, il a dit sur Corneille devenu vieux, et plus pauvre à mesure qu'il vieillissait :

« Le pauvre homme était négligé, comme tout grand homme doit l'être parmi nous [2]. Il n'avait nulle considération, on se moquait de lui ; il allait à pied ; il arrivait crotté de chez son libraire à la Comédie... S'il arrivait tard, il était debout ; s'il arrivait de bonne heure, il était assis.

« Il se peut, ajoute-t-il cependant dans une phrase un peu plus consolante, il se peut faire qu'ayant paru à la représentation de quelques-unes de ses meilleures pièces, on se soit levé pour le regarder, qu'on lui ait battu des mains [3]. Hélas ! à qui cela n'arrive-t-il pas ? »

Dans le commentaire sur *Agésilas*, cherchant à expliquer les défaillances du génie de Corneille en ses dernières pièces, Voltaire en dit la vraie raison et se trouve ainsi tout naturellement amené à parler encore de sa misère. Le besoin l'obligeait à se trop presser ; et qu'arrivait-il ? de ce travail hâté il ne sortait que des ressources insuffisantes pour ce besoin même qui en avait été le trop impatient conseiller : « Il donnait, dit Voltaire, un ouvrage de théâtre presque tous les ans depuis 1625, si vous exceptez l'intervalle entre *Pertharite* et *Œdipe* : il travaillait trop vite, il était épuisé. Plaignons le triste état de sa fortune, qui ne répon-

1. *Lettre* à Duclos du 31 auguste 1761.
2. *Lettre* à d'Olivet, sept. 1761.
3. Il dit la même chose dans la *Lettre* à Duclos.

dait pas à son mérite et qui le forçait à travailler. » Voltaire n'a rien écrit de plus touchant sur Corneille. Sa phrase, cette fois, est juste parce qu'elle vient du cœur, parce qu'elle est émue.

Un peu plus haut, dans le commentaire sur *Horace,* il avait dit encore à propos de l'argent que ses chefs-d'œuvre rapportèrent à Corneille : « Il en tirait un profit qui ne répondait pas du tout à leur gloire, et à l'utilité dont ils étaient aux comédiens ; » mot très-vrai, qui justifie celui de la Bruyère sur Corneille à pied et l'acteur en carrosse : l'un éclaboussé, l'autre éclaboussant.

La manière dont le droit des auteurs était alors établi faisait qu'il n'en pouvait être autrement. Sauf d'assez rares exceptions, dont Quinault le premier eut le bénéfice en 1653, et qui ne devinrent une règle qu'en 1697, c'est-à-dire treize ans après la mort de Corneille, il n'y avait pas dans les recettes une part proportionnelle pour les écrivains [1]. On leur achetait leurs ouvrages à forfait, on leur payait un prix convenu, et tout était dit. La pièce pouvait être jouée cent fois de suite, et reprise chaque année, on ne devait pas à l'auteur une obole des sommes qu'elle rapportait.

C'est ce système qui le ruina, en faisant la fortune des théâtres. C'est à ce régime qu'il s'épuisa. N'ayant, en effet, par les œuvres déjà faites et à tout jamais aliénées, aucune ressource assurée pour l'avenir, il était obligé de se remettre continuellement au travail, et de passer sans le plus petit intervalle de repos, sans le moindre répit, d'un ouvrage à un autre ; de la tragédie faite à la tragédie à faire. L'une avait apporté le pain du jour, dans l'autre il fallait chercher le pain du lendemain. Qui donc eût pu tenir contre un tel labeur ? quel génie eût pu subir impunément cette galère du chef-

1. V. à ce sujet le très-intéressant volume de M. Victor Fournel, *Curiosités théâtrales*, 1859, in-18, p. 121-123.

d'œuvre à perpétuité ? Aujourd'hui du moins chaque journée de l'existence d'une pièce apporte son produit. Elle ne peut pas revivre sans que le bénéfice en revive aussi, et l'auteur peut se reposer dans son succès du travail qu'elle a demandé. S'il en eût été ainsi du temps de Corneille, au lieu de voir ses chefs-d'œuvre se perpétuer dans une gloire pour lui stérile, il y eût trouvé les ressources d'une vieillesse tranquille ; au lieu d'être à la tâche, comme un manœuvre, il n'aurait travaillé qu'à ses heures ; enfin, n'ayant pas besoin de s'épuiser, grâce à l'aisance entretenue chez lui par le produit renaissant de ses premières œuvres, ce qu'il eût fait à loisir et sans l'inquiétude du pain quotidien, dans les derniers temps de la vie, eût peut-être encore été digne de ses plus beaux jours !

Combien le *Cid* lui fut-il payé ? Que lui donna-t-on pour *Polyeucte ?* Que reçut-il pour *Cinna ?* Je ne saurais le dire ; mais pour chaque pièce ce ne dut pas être une bien grosse somme, si l'on en juge par le coffre-fort qui en fut le gardien. Ce coffre-fort était le plus petit tiroir d'un pauvre vieux secrétaire, gardé longtemps comme relique par un sociétaire du Théâtre-Français [1]. Sur ce bienheureux tiroir par lequel avait passé la fortune de Corneille, on lisait écrit de sa main les mots : *Argent de Cinna*, en souvenir sans doute de la plus belle somme dont il eût reçu le dépôt, et du plus beau jour d'opulence qui eût mis en joie le pauvre logis.

Les pièces que Corneille donna chez Molière, l'*Attila*, par exemple, et la *Bérénice*, sont à peu près les seules dont nous connaissions le prix exact. Lagrange, qui n'omettait aucun détail dans son *Registre*, n'a eu garde d'oublier ceux-là. Voici donc ce qui s'y trouve :

« 1665. — Le 4 mars, *Attila*, de Pierre Corneille, pour laquelle on lui donne 2000 livres, prix fait.

1. G. Levavasseur, *Vie de Corneille*, 1843, in-18, p. 139.

« 1670. — Le 28 novembre, *Bérénice*, de Pierre Corneille, dont on lui a payé, prix fait, 2000 livres [1]. »

Pour *Bérénice* et pour *Attila*, c'était là peut-être un prix honnête, mais si, comme il est probable, le *Cid*, *Polyeucte* et *Cinna* ne furent pas, chacun, payés davantage, en conscience ce n'est pas assez. Deux mille livres, alors, étaient le beau prix, le prix fort. Il ne fallait pas moins qu'une pièce de Corneille pour qu'on s'y décidât. Le plus souvent on ne donnait que la moitié, et même parfois que le quart de cette somme. Ainsi le *Tonaxare* de Boyer, joué chez Molière en 1662, ne fut payé que cent demi-louis [2], c'est-à-dire cinq cents livres, car le louis venait justement, cette année-là, d'être remis au taux de dix livres, et le demi-louis par conséquent n'en valait plus que cinq. Pour que le pauvre Boyer ne criât pas trop contre la modicité de la somme, on la lui donna dans une belle bourse « brodée d'or et d'argent ».

Quand une pièce était de commande, on la payait plus cher, et c'est pour cela que l'*Andromède*, qui n'est certes pas l'un des chefs-d'œuvre de Corneille, fut peut-être pour lui, comme on dirait maintenant, une meilleure affaire que *Polyeucte* et *Cinna*. Comme on ne connaît guère l'histoire de cette pièce, et comme on ne sait pas surtout pourquoi elle fut faite et pour qui, nous allons entrer à ce sujet dans quelques détails rapides. En 1645, Mazarin, qui aimait fort, en bon Italien qu'il était, les spectacles à machines et avec musique [3], avait commandé à l'abbé Perrin pour les paroles, à Cambert pour l'harmonie, à Torelli pour le mécanisme, et pour la peinture à Guillerié, sous qui travaillait le jeune Coypel [4], un grand opéra d'*Orphée*. Il fut fait

1. Extrait du Registre de Lagrange donné par A. Martin dans son édition des *Œuvres* de Molière, 1845, in-8, t. VI, p. 465.

2. *Id.*, *ibid.*

3. Léon de Laborde, *le Palais Mazarin*, p. 231, notes 159-160.

4. Fréd. Villot, *Catalogue du Louvre*, école française, p. 85.

comme il le désirait, monté avec d'énormes dépenses, et ne réussit pas [1]. Décors et machines restaient inutiles. Torelli en était pour ses efforts et le cardinal pour ses frais, quand on eut l'idée d'ajuster au mécanisme et aux peintures de l'opéra tombé une pièce mieux faite et qui pût être plus heureuse. On pensa tout naturellement à Corneille, alors à son apogée. Il ne refusa pas, quoique sa nomination toute récente à l'Académie française dût le rendre plus que jamais difficile sur le choix des œuvres à faire; mais il avait, comme toujours, besoin d'argent : la déconfiture de Montauron l'avait peu de temps auparavant privé de l'une de ses meilleures ressources; l'insuccès de sa *Théodore* pouvait rendre les comédiens peu accommodants pour le prix de sa prochaine pièce; il trouvait une bonne somme à gagner, en faisant quelque chose d'agréable pour le cardinal : il se mit donc à l'œuvre. Pour qu'il fût mieux en haleine, on le paya d'avance, et tout alla fort bien. Vers le milieu de décembre 1647, le nouveau poëme d'*Andromède*, et les machines de l'ancien *Orphée*, remaniées par Torelli, s'ajustaient fort bien ensemble, et il n'était bruit que des représentations qu'on en devait donner pendant le carnaval. Par malheur, des contre-temps survinrent. Le père Vincent, que nous appelons aujourd'hui saint Vincent de Paul, avait alors, plus que personne, l'oreille de la reine; il employait surtout cette influence à éloigner de la cour les divertissements trop mondains et trop profanes. La mythologique *Andromède* n'était pas, on le conçoit, pour être dans ses bonnes grâces; il fit donc si bien que malgré le désir du cardinal, on décida qu'elle ne serait pas jouée [2]. Mazarin, cependant, qui avait cédé d'abord, revint peu à peu sur

1. C. Moreau, *Choix de Mazarinades*, t. II, p. 243-410.

2. V. la lettre de Chapelain à Félibien, du 20 décembre 1647. *Lettres familières*, 1681, in-12, p. 110.

l'affaire, et insensiblement la remit à flot. Le 20 décembre on la croyait morte, et le 31 elle reparaissait. C'était, hélas! pour sombrer encore, et cette fois tout de bon, c'est-à-dire pour deux ans au moins. Ecoutons l'excellent Dubuisson-Aubenay, sans qui l'on ne saurait presque rien de tout cela : « L'affaire, dit-il dans son *Journal* manuscrit [1], sous la date du 2 janvier 1648, l'affaire de la comédie françoise d'*Andromède*, pour l'avancement de laquelle le sieur Corneille avoit reçu 2,400 livres, et le sieur Torelli, gouverneur des machines de la pièce d'*Orphée*, ajustandes à celle-cy plus de 12,000 livres, a esté derechef rompue ou intermise, après avoir naguère esté remise sus. » Pourquoi cette nouvelle déconvenue? Dubuisson va nous le dire encore dans son *Journal*, sous la date du 21 janvier. Après être revenu sur la comédie d'*Orphée*, « jouée au Palais-Royal » l'hiver précédent, qui, dit-il, « se fait françoise par le sieur Corneille »; après nous avoir répété qu'il a reçu pour cela 2,400 livres, et porté non plus à 12 mais à 14,000 livres la somme touchée par Torelli, « conducteur des machines, pour les raccommoder », il ajoute : « La maladie du roy survenant a rompu tout le dessein. » La Fronde qui survint à son tour ne permit guère de le reprendre. Aussi, comme je l'ai dit, n'est-ce que deux ans après, dans une des intermittences de demi-quiétude jetée, comme éclaircie, au milieu de ces troubles, que la cour étant revenue à Paris, on joua devant elle, au Petit-Bourbon, l'*Andromède* tant ajournée. Il faut lire la *Gazette* du 18 février 1650, sur cette représentation à laquelle est consacré tout un *extraordinaire* de quinze pages. Dubuisson-Aubenay n'a, lui, que deux ou trois lignes. Nous nous en contenterons. La reine mère, le cardinal et le jeune roi, étant retournés applaudir le 26 ce qu'ils avaient tant applaudi huit jours auparavant, il écrit dans son *Journal :*

1. *Bibliothèque Mazarine*, mss. in-fol. H, n° 1765.

« Samedy, 26 février 1650. — Le soir, Leurs Majestés vont voir la comédie d'*Andromède*, jouée avec machines très-belles, dans la salle du Petit-Bourbon [1]. »

Renaudot, qui dans la *Gazette* avait fait un si grand éloge de la pièce, avait intérêt à la vanter. C'est chez lui, à son *Bureau d'adresses*, que se vendait le *Programme*, ou plutôt, pour me servir du mot de l'époque, le *Dessein* de ce grand spectacle [2]. Corneille l'avait rédigé lui-même, en attendant l'ouvrage entier, dont, nous l'avons dit, il savait toujours, et pour cause, différer à propos l'impression : « J'ay, dit-il en quelques lignes non recueillies dans ses œuvres [3], et qui sont précieuses parce qu'en nous faisant bien connaître ce qu'étaient ces sortes de programmes, elles nous prouvent aussi quel soin il prenait même des moindres détails relatif à son art ; j'ay dressé ce discours seulement, en attendant l'impression de la pièce entière, pour servir à soulager la plupart de mes spectateurs, qui, pour mieux satisfaire la veüe par les grâces de la perspective, se placent dans les loges les plus esloignées, où beaucoup de vers échappant à leurs oreilles ne leur laissent pas bien comprendre la suite de mon dessein. J'y ay meslé les paroles qui se chantent en musique, et qu'il est impossible d'entendre quand plusieurs voix les prononçent. »

De qui était la musique de ces paroles mises en chant dans l'*Andromède ?* Notre regrettable Halévy s'en était inquiété dans son excellent chapitre de l'*Origine de l'opéra en France* [4]. Il chercha partout et ne trouva de réponse que

1. Brunet, *Manuel du Libraire*, t. II, p. 286.

2. La *Psyché* de Corneille et de Molière fut aussi, dit-on, comme l'*Andromède*, commandée aux deux auteurs par Louis XIV, pour qu'on pût faire servir « une décoration qui représentoit les Enfers, et que l'on conservoit avec soin dans le Garde-Meuble. » *Anecdotes dramatiques*, t. II, p. 443.

3. Elles n'ont été jusqu'à présent reprises que par M. Marty-Laveaux, dans sa curieuse brochure *De la langue de Corneille*, 1861, in-8, p. 47.

4. *Souvenirs et Portraits*, étude sur les beaux-arts. 1861, in-18, p. 12.

chez Voltaire ; encore cette réponse fut-elle une erreur. A propos du chœur qui commence la scène III du premier acte, Voltaire écrit : « Ce fut, dit-on, Boissette — il veut dire Boësset — qui mit ce chœur en musique. » Le « dit-on » auquel s'en était rapporté Voltaire n'était qu'un menteur. Boësset n'avait pas écrit une seule note de cette partition. On le sait à n'en pas douter, car celui à qui était dû « le concert de musique employé à satisfaire les oreilles des spectateurs », comme dit Corneille lui-même en l'argument d'*Andromède ;* ce musicien, « l'un des plus fameux maîtres en la composition », suivant l'expression flatteuse de la *Gazette*, s'est fait enfin connaître, et, par cette déclaration, a certes bien surpris. Qui est-ce, en effet ? On le donnerait en mille ! C'est le rival de Scarron dans le grotesque ; c'est ce personnage bizarre qui, musicien sans doute aussi étrange que poëte singulier, enjoliva sa vie, musique et poëmes, de mœurs si hétéroclites, et fut trouvé par Chapelle et Bachaumont, à Montpellier, dans une si vilaine affaire qui sentait un si vilain fagot ; en un mot, c'est d'Assoucy.

Il semble qu'on n'y puisse croire, et cependant il n'en faut pas douter.

Dans une boutade mise à la suite de ses *Rimes redoublées* [1], où il se prend surtout à Molière, dont il croyait avoir à se plaindre, parce qu'après sa rupture avec Lulli, c'est le petit Charpentier et non lui qu'il avait choisi pour musicien, D'Assoucy, méconnu, s'écrie avec indignation : « Il fut autrefois mon amy... Il sçait que c'est moy qui ay donné l'âme aux vers de l'*Andromède* de M. de Corneille. » Voilà certes qui est assez net ; et pourtant, je le répète, si je n'avais pas une autre preuve du rapprochement si imprévu de Corneille,

1. M. P. Lacroix, qui la retrouva dans un exemplaire peut-être unique de la bibliothèque de l'Arsenal, l'a publiée le premier aux pages 172-175 de son curieux petit livre : *la Jeunesse de Molière*, 1858, in-18.

ce roi du sublime, avec d'Assoucy, l'empereur du burlesque, je dirais que mons d'Assoucy en a bel et bien menti.

La preuve dont je parle est irrécusable : elle vient de Corneille lui-même. C'est un sonnet amical qu'il fit pour un livre que d'Assoucy publia justement au moment même où l'*Andromède,* musique et poëme, naissait de leur collaboration. Ce livre, qui tournait en parodie le poëte, d'où Corneille avait tiré son sujet, est l'*Ovide en belle humeur*, qui parut en un beau volume in-4°, chez Charles de Sercy, en 1650. D'Assoucy, pour le bien recommander au public, avait demandé quelques vers de compliment préliminaire à tous les poëtes ses amis. Cyrano, qui ne messied pas dans cette compagnie, lui avait envoyé un huitain, et Corneille, le sonnet dont nous parlons. Il est ingénieux, on ne l'a jamais recueilli : il a donc toutes sortes de droits à figurer ici.

Que doit penser Ovide et que nous peut-il dire,
Quand tu prends tant de peine à le défigurer ?
Que ce qu'il écrivit pour se faire admirer,
Grâces à d'Assoucy, sert à nous faire rire.

Il y trouve la gloire où son travail aspire;
Tu ne prends tant de soins que pour mieux l'honorer ;
De tant d'attraits nouveaux tu le viens de parer,
Que moins il se ressemble, et plus chascun l'admire.

Sa plume osa beaucoup, et plantes, animaux,
Fleuves, hommes, rochers, éléments et métaux,
Par elle ont veu changer et leur être et leurs causes ;

La tienne, plus hardie, a plus encore osé,
Puisque le grand autheur de ces métamorphoses
Luy mesme enfin par elle est métamorphosé.

Ces vers de bonne amitié écrits par Corneille pour un homme qui ne semblerait pas, à première vue, avoir dû être de ses amis, sont une nouvelle preuve de la facilité de son caractère, et de sa cordiale complaisance à ne pas refuser ce qui pouvait être pour un frère en poésie, même le plus obscur, une joie, une recommandation. Il ne demanda qu'une seule fois pour lui-même, quand il fit paraître, en 1634, sa comédie de la *Veuve*, cette avant-garde de poésies liminaires, alors si bien à la mode [1], mais jamais il ne manqua de s'exécuter lorsque quelqu'un parmi les poëtes du temps lui demanda, pour la même raison, de l'obliger de quelques petits vers benins et congratulants. Comme il n'eut jamais d'ennemis que ses envieux, il n'y avait, avant son grand succès du *Cid*, personne dans le monde du théâtre qui ne fût de ses bons amis. Nous avons vu, par une citation du *Parnasse des poëtes*, qu'il vivait dans l'intimité de Mairet et ne le quittait pas, chaque fois qu'il faisait un voyage à Paris. Nous allons voir, par d'aussi sûrs indices, que Scudéry, devenu, comme Mairet, après le *Cid*, le plus emporté de ses détracteurs était, lui aussi, pendant les années qui précédèrent, lorsque sous le modeste rimeur normand le grand homme ne se faisait pas trop sentir encore, un de ses amis les plus chauds et qui guettaient le plus impatiemment sa venue à Paris. Corneille, qui ne pouvait prévoir les volte-face de cette amitié, s'y abandonnait et ne lui refusait rien de ce qu'elle pouvait demander. En 1631, deux ans après *Mélite*, Scudéry ayant fait d'après l'*Astrée* et le *Polexandre*, la tragi-comédie du *Trompeur puni*, il lui parut bon d'avoir en tête quelques poésies d'annonce, signées des meilleurs noms; il pensa tout naturellement à Corneille, qui du premier coup venait de s'en faire un. Il ne fallut qu'un tout petit mot de prière, et Corneille envoya dix vers, aussitôt imprimés au frontispice de la pièce et qui, à dire vrai, ne sont

1. Taschereau, *Histoire de la vie et des ouvrages de Corneille*, nouv. édit., p 25.

bons que comme complaisance. La même année, Scudéry, toujours infatigable, lança encore une pièce, la tragi-comédie de *Lygdamon et Lydias, ou la Ressemblance.* Corneille, mis de nouveau en réquisition de poésie, s'exécuta de même. En tête de la pièce se lit un quatrain que nous allons donner, parce qu'aucun éditeur n'a pris jusqu'à présent la peine de le recueillir [1] :

Encor que Lygdamon, en dépeignant Sylvie,
Luy donne assez d'appas pour charmer l'univers,
Sa beauté toutefois, dont la France est ravie,
Ne me toucheroit point sans celle de tes vers.

C'est aimable, mais assez froid, surtout lorsqu'on vient de lire la *préface* dont Scudéry s'est gratifié pour cette même pièce de *Lygdamon.* Nulle part il n'a dépensé plus de fanfaronnades. C'est là que, faisant fi des vers bien qu'il en publie, et que, dédaignant la poésie tout en demandant qu'on le proclame grand poëte, il se vante d'être noble avant tout et bon capitaine; « d'avoir usé plus de mèches en arquebuses qu'en chandelles »; d'être d'une maison « où l'on n'a jamais eu de plume qu'au chapeau »; et qu'il se fait fort de n'écrire avant peu que de la main gauche, « afin d'employer la droite plus noblement ! » Le pauvre quatrain de Corneille était, comme vous voyez, d'une bien pâle discrétion à côté de ce grand tapage.

L'avocat Antoine Mareschal, qui fit une douzaine de pièces, comédies ou tragédies, dont pas une n'a pu survivre, était d'humeur beaucoup moins bruyante que Scudéry. Ses personnages pouvaient être de grands bravaches, notamment son *Capitan Matamore*, dont le Fracasse de l'*Illusion co-*

1. M. Ed. Tricotel l'a donnée dans le *Bulletin du Bouquiniste*, 1er août 1859, p. 428, avec le dizain pour le *Trompeur puni*, qu'il croyait aussi inconnu, quoiqu'on l'ait reproduit dans la dernière édition Lefebvre.

mique dépasse seul les fantastisques vantardises ; mais il n'était lui-même qu'un très-humble poëte. Si du moins il se fût arrêté à l'humilité, mais il allait plus bas. Quand on lit ses dédicaces, et lorsqu'on a le secret de l'industrie qu'il y déployait, en concurrence avec Rangouze, La Serre et vingt autres plats artisans de l'épître dédicatoire [1], on ne songe plus, je vous assure, à condamner Corneille pour le *panégyrique à la Montauron* [2], qu'il mit en tête de *Cinna*.

Corneille s'en tenait, lui, à l'usage de son temps; les autres le raffinaient en l'avilissant. Que faisait La Serre, par exemple ? Il avait des dédicaces de rechange qui lui permettaient de se faire gratifier, pour un même livre, par trois ou quatre seigneurs différents [3]. Rangouze était encore plus habile. On a connu ses manéges par Mlle de Scudéry [4], qui peut-être y avait été prise, quoiqu'elle ne fût pas assez riche pour servir de dupe à Rangouze, mais tout lui était bon. « Il avait, dit l'abbé Trigaud [5], donné un recueil de lettres qu'il avait fait imprimer sans chiffres, de manière que le relieur mettoit celle que l'auteur vouloit la première, et que par ce moyen chacun de ceux à qui il donnoit un volume, se voyant à la tête, en avoit plus de reconnaissance et payoit mieux ». Là-dessus, Mlle de Scudéry le comparait à ce médecin italien qui, perfectionnant à sa manière ce plat usage venu de son pays chez nous avec tant d'autres vils secrets de courtisanerie, s'était ingénié de dédier chaque livre de ses commentaires sur les aphorismes d'Hippocrate à un de ses amis, et la table à un autre !

1. V. sur ce trafic notre édition du *Roman bourgeois*, par Furetière, p. 317 et suiv.

2. G. Guéret, *la Promenade de Saint-Cloud*, dans les *Mémoires de Bruys*, t. II, p. 238.

3. *Historiettes* de Tallemant, 1re édit., t. V, p. 24.

4. V. le *Dialogue* qui est en tête de ses *Conversations*.

5. *Essais de littérature pour la connaissance des livres*, 1703, in-12, t. II, p. 72.

Le moins que faisaient ces habiles, c'était de dédier deux fois le même livre : ici le manuscrit, là le volume imprimé. La bibliothèque Mazarine possède ainsi le manuscrit d'un ouvrage de La Serre, qui, offert sous cette forme à la reine mère, reçut, imprimé, une dédicace nouvelle [1]. Mareschal, à qui nous devons revenir, pour qu'il nous ramène à Corneille, fit comme La Serre. Lorsqu'il eut terminé sa tragi-comédie de la *Sœur valeureuse ou l'Aveugle Amitié*, il en commanda une belle copie, y fit mettre une de ces magnifiques reliures qui étaient l'uniforme obligé des livres d'hommages et qui avaient valu le surnom de *Tailleur des Muses* à La Serre, fort entendu, comme bien vous pensez, à ces sortes de toilettes [2]; sur les plats, il fit frapper en or des C croisés avec des Y, et envoya le livre ainsi paré à M. le maréchal de Créquy, duc de Lesdiguières, qui sans doute le paya bien [3]. Après ce premier profit, Mareschal en chercha vite un autre, qu'une seconde dédicace lui procura sans difficulté. Quand la *Sœur valeureuse* parut, en 1638, sous la forme d'une jolie plaquette in-8°, elle n'était plus dédiée à M. de Créquy, mais « à Monseigneur le duc de Vendosme ».

Ce seigneur était de ceux qui faisaient le meilleur accueil à Corneille. On avait même gardé dans sa famille, à propos du poëte, qui, paraîtrait-il, y fut quelquefois admis, un certain nombre d'anecdotes, répétées plus tard à Voltaire, qui sut en profiter [4]. Maréchal avait vu Corneille à l'hôtel de Vendôme, et, toujours quémandeur, tirant des gens tout ce qu'il en pouvait tirer, il lui arracha, faute de mieux, quelques vers pour son frontispice. Il n'en avait fait lui-même

1. *Œuvres* de Saint-Amand, édit. Ch. Livet, t. I, 222, note.

2. Tallemant, 1re édit., t. V, p. 24.

3. M. de Soleinne possédait ce volume. V. le *Catalogue* de sa bibliothèque, t. I, p. 223, n° 1047.

4. *Remarques sur le Cid.* Préface du commentateur. — Lettre à Duclos, dans le recueil de *Lettres inédites* données par M. de Cayrol, t. I, p. 323,

que d'assez mauvais dans cette pièce de la *Sœur valeureuse*, pour laquelle il voulait la recommandation du grand poëte. Corneille le paya en sa monnaie. Les rimes qu'il aligna près de celles de Scudéry et de Mairet, conviés aussi sur ce frontispice, n'ont pas grande valeur, quoiqu'elles soient d'un assez fier mouvement, et peignent assez bien le type d'amazone, alors à la mode, que Mareschal avait voulu représenter.

Comme elles ne sont pas connues, et que tout ce qui vient de Corneille a droit de l'être, nous allons les donner ici :

Rendez-vous, amants et guerriers;
Craignez ses attraits et ses armes :
Sa valeur, égale à ses charmes,
Unit les myrtes aux lauriers.
Miracle d'amour et de guerre,
Tu vas dompter toute la terre;
A l'éclat de tes yeux on voit de toutes parts
Mille cœurs à l'envi voler sous ta puissance,
Et, s'il est un mortel rebelle à tes regards,
Ton bras soudain le range à ton obéissance.
Telle contre le roy d'Arger (*sic*)
Courut autrefois Bradamante;
Telle fut cette pauvre amante
A la queste de son Roger;
Telle, mais avec moins d'adresse,
Vénus s'arma contre la Grèce;
Telle, contre son fils, pour le roy des Latins,
Camille dans le choc se jettoit animée;
Et telle, du cerveau du maistre des destins,
Son mary fit sortir Minerve tout armée.

L'Angevin Guérin de la Pinelière, pour qui Corneille, comme nous l'allons voir, voulut bien faire aussi des vers, qui sont de même restés inconnus, n'était pas de ce caractère servile que Mareschal traînait partout, sans le relever par aucun talent. Poëte, La Pinelière avait un bien autre mérite ; homme, il avait plus de dignité. Sa fortune cependant ne lui permit pas la complète indépendance que recherchait son humeur. Force lui fut d'avoir des protecteurs, et d'être à quelqu'un, comme on disait. Il fut au jeune abbé de Lavardin, près de qui Costar l'avait placé, pour remplir un emploi moitié de secrétaire, moitié de professeur, qu'il avait refusé pour lui-même, et auquel La Pinelière convenait au mieux. « Sans estre fort sçavant, il aimoyt les livres et pouvoit enseigner les autres en estudiant. » Ainsi parle de lui l'auteur anonyme d'une très-curieuse *Vie de Costar* [1]. « Il avoit, dit encore ce biographe, quelque talent pour la poésie, et il avoit fait imprimer la *Médée* de Sénèque, qu'il avoit traduite en vers françois. » Ces dernières lignes contiennent une injustice et une erreur : La Pinelière avait un vrai talent de poëte, et la pièce où il le déploya n'est pas une *Médée*, mais un *Hippolyte*, qu'il avait, non pas traduit, mais imité, par endroits, de la tragédie de Sénèque, et que Racine ne dédaigna d'imiter, à son tour, pour quelques-unes des plus belles parties de sa *Phèdre*. C'est dans les pages liminaires de cette tragédie d'*Hippolyte*, imprimée en 1635, peu de temps avant la mort de son auteur [2], que nous allons retrouver Corneille, toujours complaisant à la muse des autres, toujours prêt à la patronner de la sienne et à lui prêter quelques rimes d'avant-garde pour qu'elle fasse plus dignement son entrée dans le monde. Comme tous les derniers que nous avons donnés, ces vers sont restés inconnus et l'on nous saura gré par conséquent de les faire connaître [3] :

> Phèdre, si ton chasseur avait autant de charmes
> Qu'en donne à son visage un si docte pinceau,

1. Elle a été donnée par M. P. Paris à la suite de son édition des *Historiettes* de Tallemant, v. t. IX, p. 62.

2. La Pinelière, tout jeune encore, mourut à Paris, pendant un voyage que l'abbé de Lavardin fit dans le Maine. *Vie de Costar*, p. 62.

3. Ils n'ont été reproduits que dans la *Bibliothèque dramatique de M. de Soleinne*, supplément au t. I, p. 39, n° 201.

Ta passion fut juste et mérite des larmes
Pour plaindre le malheur qui le met au tombeau.
Et si tu parus lors avec autant de grâce
Qu'en ces vers éclatants qui te rendent le jour,
Estime qui voudra son courage de glace,
Sa froideur fut un crime et non pas ton amour.
Aussy, quoy qu'on ait dict du courroux de Thésée,
Sa mort n'est pas l'effect de son ressentiment,
Mais les Dieux l'ont puny pour t'avoir méprisée
Et faict de son trespas un juste châtiment.

La Pinelière était de l'Anjou, comme nous l'avons dit, et l'un de ses regrets, exprimé en toute franchise dans la préface de sa pièce[1], fut de n'être pas Normand. Depuis que Bertaut, Duperron, Malherbe, Scudéry, Saint-Amant, Benserade, Corneille, qui tous l'étaient, avaient acquis tant de gloire, c'était en effet presque venir au monde avec un brevet de poëte que de naître en Normandie. La Pinelière, pour se dédommager, fit quelques voyages dans cette province où l'on respirait un si bon air poétique. C'est ainsi qu'il connut Corneille.

Le marquis du Bellay, qui avait de grands biens en Anjou[2], l'avait amené de cette province en Normandie, où il était plus grand seigneur encore. Il y était roi, oui, roi... d'Yvetot. Sa royauté ne consistait, il est vrai, qu'en certaines exemptions de redevances et de devoirs[3], mais le marquis n'en était pas moins fier. Chez lui, en Anjou comme en Normandie, lui et sa femme le portaient très-haut et jouaient très-impertinemment au roi et à la reine[4]. Leur principale façon de régner était d'être impolis. Le marquis excellait, plus encore que sa femme, dans l'incivi-

1. V. l'*Hippolyte*, 1635, in-8, *Avis au lecteur*, et Fontenelle, *Vie de Corneille*, anc. édit., p. 335.

2. Tallemant, *Historiettes*, 1re édit., t. V, p. 137.

3. La Roque, *Traité de la noblesse*, Rouen, 1710, in-fol., p. 111.

4. *Historiettes* de Tallemant, t. V, p. 137-139.

lité princière ; mais comme il s'en départait volontiers avec les gens d'esprit, et daignait reconnaître leur mérite, nous ne lui en voudrons pas trop. C'est à lui que La Pinelière dédia son petit volume souvent cité par nous, *le Parnasse, ou le Critique des poëtes*, et cette dédicace d'un livre plein de sens et de goût, faite au marquis du Bellay par un auteur qui était sincère, nous est une bonne recommandation pour son esprit. Nous savons d'ailleurs, et cela vaut encore mieux, qu'il aima Corneille, et lui vint autant qu'il put en aide dans des circonstances difficiles, au moment, par exemple, de la querelle d'envieux que lui suscita l'abbé d'Aubignac, son ennemi depuis le *Cid*.

Pour quelques mots que Corneille, dont le langage n'était pas toujours d'une grande retenue quand il s'agissait d'œuvres trop mauvaises, s'était permis contre le *Manlius Torquatus* de Mlle Desjardins, autrement dite Mme de Villedieu, l'abbé d'Aubignac, qui voulait du bien à cette muse, avait pris feu, « car il était tout de souffre[1], » et s'était emporté en gros mots et en petits écrits. Par cette rage qu'on a de toujours trouver chez les autres ce que l'on sent en soi, il n'avait vu que jalouse envie dans les paroles de critique sincère dites par Corneille à propos du *Manlius*. « Vous avez, lui avait-il crié[2], vous avez une étrange aversion contre Mlle Desjardins ; il vous fasche qu'une fille vous dame le pion, et vous lui voulez desrober son *Manlius* par l'effect d'une jalousie sans exemple. »

Sertorius ayant été joué sur ces entrefaites, les choses menacèrent de s'envenimer par les menées de la cabale de l'abbé, qui tenait un libelle tout prêt contre la pièce de Corneille, et comptait ainsi lui donner le coup de grâce, après

1. Tallemant, édit. P. Paris, t. VII, p. 251.

2. L'abbé d'Aubignac, *Quatrième Dissertation*, p. 166. — On a cru, dans les *Anecdotes dramatiques*, t. II, p. 513, que cette apostrophe de l'abbé s'adressait à de Visé. Elle était bien pour Corneille lui-même.

que ses amis l'auraient abattue au théâtre par leurs sifflets. C'est alors qu'intervint le marquis du Bellay. La pièce avait réussi; il ne voulut pas qu'un méchant pamphlet vînt trop vite en gêner le triomphe. Il s'employa donc pour que l'abbé fût mis quelque temps hors d'état de nuire, c'est-à-dire d'imprimer. Tout en rongeant son frein, d'Aubignac attendit. L'année se passa; une nouvelle tragédie de Corneille, *Sophonisbe*, fut jouée, ameutant contre elle tous les amis de Mairet, qui ayant jadis traité le même sujet, croyait réellement que c'était son bien, et fut si fort ému de ce qu'il appelait l'usurpation de Corneille, qu'il en tomba malade de rage[1]. Il avait un parti qui, s'étant joint à celui de l'abbé, groupa contre Corneille une force assez imposante pour briser les obstacles apportés par M. du Bellay à la publication des critiques. Celles qui s'attaquaient à *Sophonisbe* furent les premières qui purent arriver; puis, par la trouée faite, se glissa le libelle contre *Sertorius*. L'abbé triomphait, et il distilla son triomphe dans le récit de ce qu'il avait dû surmonter d'entraves. « Ces remarques sur le *Sertorius*, dit-il[2], par exemple, estoient sur le point de paroistre au jour incontinent après celles qui ont esté faictes sur la *Sophonisbe*, mais M. Corneille s'est servy de tant de voyes indirectes et violentes pour en empescher l'impression, qu'il ne faut pas s'estonner de ce retardement. Il a fait le petit ministre du roy d'Yvetot, ne pouvant souffrir qu'on imprimât rien contre ses intérêts. »

En réalité, Corneille avait laissé faire ses amis contre ceux de l'abbé d'Aubignac, et par lui-même ne s'était presque mêlé de rien. C'était son habitude, c'était ce qu'il avait fait pour le *Cid*, dont aucun des détracteurs, et l'abbé se trouvait déjà du nombre, n'avait été nommé dans les *Discours* qu'il

1. De Visé, *Nouvelles nouvelles*, 1663, in-12, p. 166.
2. D'Aubignac, *Deuxième Dissertation*, Avis au lecteur.

avait écrits, pour sa défense : « Bien que je contredise quelquefois, avait-il dit à l'abbé de Pure[1]; M. d'Aubignac et Messieurs de l'Académie, je ne les nomme jamais, et ne parle non plus d'eux que s'ils n'avaient point parlé de moi. » Cette fois, il ne se défendit pas lui-même, se permit tout au plus quelques pages d'*apostille* à la suite de la défense qu'un ami fit pour lui, et ne prit en réalité de vengeance que celle qui lui fut ménagée par une malice de graveur.

En 1664, au frontispice de la belle édition de ses *Œuvres*, qui fut donnée en 2 volumes in-folio, chez les libraires Billaine, De Luyne, et Jolly, et que Corneille, bien qu'il fût déjà tout à fait installé à Paris, n'avait voulu faire imprimer qu'à Rouen, chez son cher imprimeur Laurent Maurry, parut sur une large estampe le buste du poëte, couronné de lauriers par ses deux Muses : Melpomène et Thalie. Sous les pieds de la première, plus souveraine, mais plus attaquée, on voit l'Envie hurlante et vaincue. Pour qu'on ne se méprît pas sur la personne représentée par la hideuse déesse, on lui donna des traits tout masculins. Chacun cria : « C'est l'abbé d'Aubignac ! » Tallemant des Réaux tout le premier[2], qui, trouvant même que le tour était bon, ne put s'empêcher d'en rire, quoiqu'il ne fût pas, on l'a vu, des amis de Corneille.

Les critiques de l'abbé, qui satisfaisaient l'humeur médisante de Tallemant, avaient d'ailleurs perdu pour lui de leur prix, depuis que Corneille s'en était permis contre lui-même qui, avec plus de justice et de désintéressement, n'étaient guère moins sévères. Pourquoi censurer un homme qui savait se censurer si bien ? Il lui devint donc pour cela presque favorable.

Après avoir lu les belles dissertations qui précédaient chaque ouvrage dans cette édition, et qui, ne dissimulant au-

1. Lettre du 25 août 1660.
2. *Histor.*, édit. P. Paris, t. VII, p. 253.

cune faiblesse, montraient la grandeur de l'art aux dépens de celle du poëte, il voulut bien convenir que Corneille était honnête homme : « D'assez bonne foy, dit-il, Corneille reconnoît dans de certains discours, au devant de ses pièces, les fautes qu'il a faites. » Ce : « d'assez bonne foi » est heureux!

M. du Bellay, l'aimable roi d'Yvetot qui lui avait prêté dans cette affaire avec l'abbé d'Aubignac un si intelligent secours, n'était pas la seule personne de haut rang à qui Corneille rendît visite dans cette partie des environs de Rouen. Sans compter les fréquents séjours qu'il faisait chez son frère Antoine, le génovéfain, nommé en 1642 curé de Fréville, à deux lieues d'Yvetot, il fit maintes fois, dans le même voisinage, de l'autre côté de la Seine, d'agréables stations au château de Motteville, chez la dame qui a si bien illustré ce lieu, dont elle était alors châtelaine, du chef de son mari, président à la chambre des comptes de Normandie.

Mme de Motteville, attachée à la reine Anne d'Autriche, ne comptait naturellement point parmi les amis de Richelieu, dont Corneille fut longtemps le protégé. Mais, comme il savait, même sous cette protection, garder une certaine indépendance, ainsi que nous le verrons tout à l'heure mieux que jamais, et comme Mme de Motteville n'était pas de l'humeur sottement exclusive de ces gens qui voient des ennemis dans tous les amis des personnes qu'elles n'aiment point, ce ne fut pas entre elle et Corneille une raison d'antipathie et d'éloignement. Il était penseur, elle était rêveuse ; la Normandie qu'elle aimait, où elle était née, où elle s'était mariée à un époux trop tôt perdu, n'avait pas de plus belle et de plus pure gloire que lui ; la reine, sa protectrice, le protégeait ; elle avait un frère dans les ordres qui connaissait celui de Corneille, auquel même il succéda, si je ne me trompe, dans la prébende du Mont-aux-

Malades[1] : tout cela fit que Corneille et Mme de Motteville, le poëte et l'historienne, car elle l'était déjà au su de chacun, se virent souvent avec plaisir, tant à Rouen et à Motteville, pendant un exil auquel Richelieu la condamna, qu'à Paris, chez la reine ou dans les principaux cercles.

Entre autres hôtels où ils se rencontraient, était celui du duc de Bouillon, sur le quai Malaquais.

Un soir que beaucoup de monde s'y trouvait réuni, on proposa une partie de *propos interrompus* par écrit, jeu qui luttait alors de vogue avec celui des *proverbes* et celui des *bouts rimés*. Corneille et Mme de Motteville ne s'y mêlèrent que par leur attention, qui, toujours assez distraite, l'était plus encore lorsqu'il s'agissait de telles frivolités. Corneille se mit à songer, et Mme de Motteville à rêver suivant son habitude. Puisque au château de Fresnes, chez Mme du Plessis Guénégaud, pendant qu'on préparait, à grand renfort de babil, ces jolies pièces de comédie romanesques dont ne dédaignaient pas de s'occuper Mme de Sévigné, Mme de la Fayette et Arnaut d'Andilly lui-même, Mme de Motteville, toujours à l'écart, se contentait de rêver profondément[2], elle pouvait bien se permettre d'être distraite aux *propos interrompus* de l'hôtel de Bouillon. Une jolie marquise, la plus grande rieuse du cercle, se piqua de cette inattention dans une partie où son esprit brillait assez pour que chacun prît la peine de l'admirer. Elle voulut se moquer de Mme de Motteville, dont, à certains égards, l'ajustement pouvait par malheur prêter un peu à rire. Comme elle était devenue veuve de très-bonne heure, après n'avoir été mariée que deux ans, Mme de Motteville n'avait pas gardé le sévère accoutrement du veuvage, et plus tard elle avait oublié de le

1. V., sur ce frère de Mme de Motteville, une lettre de Mme de Sévigné, du 4 janvier 1690.

2. Lettre de Mme de Sévigné du 1er août 1667.

reprendre. Sa toilette était donc restée assez mondaine, e parfois assez en désaccord avec son âge, qui au moment dont nous parlons touchait de près à la cinquantaine, s'il ne la dépassait. Au lieu d'aller en coiffe, elle allait en cheveux, comme de plus jeunes, en se parant même parfois de quelques touffes de fleurs ou de quelques brins de feuillage. Ce soir-là, c'était du lierre, choix malheureux pour une beauté qui n'est plus florissante. La méchante petite marquise l'avait bien vu. C'est là que visa tout droit sa malice : « Quelle est la plante qui sert de parure aux ruines ? » dit-elle quand vint son tour de faire une question. Le mot *lierre* sortit ingénument de toutes les bouches. Ce fut un coup de foudre, tout le monde s'en émut, le jeu même en cessa.

Mme de Motteville fut seule à ne s'apercevoir de rien, tant elle était alors absorbée dans ses pensées. Corneille, plus prompt à se réveiller d'une rêverie, avait compris pour elle.

Du jeu des *propos interrompus*, l'on était passé à celui des *bouts rimés*. On riait, on babillait, on écrivait autour des tables. Corneille, après avoir dit quelques mots tout bas à l'oreille de Mme de Motteville, s'était approché avec elle d'un guéridon plus solitaire, puis ayant réfléchi quelques instants, pendant que les rires se faisaient plus bruyants dans les autres parties du salon, il s'était mis lui-même à écrire. On s'en aperçut, et quand les jeunes folles eurent dit les strophes, stances ou madrigaux qu'elles avaient griffonnés sur des rimes données, il fut prié avec instance de lire ce qu'il venait de composer. Il s'excusa d'abord, en disant que, dans ce qu'il avait fait, il ne s'agissait pas de bouts rimés, et que par conséquent la lecture n'en serait pas de saison ; mais, pressé plus vivement, il ne résista plus. Il commença par expliquer, comme Oronte, mais avec plus de modestie, que ce qu'il allait lire était des stances adressées à une jeune marquise, au nom d'une dame qui, ne prétendant plus aux succès de la jeunesse, consacrait son expérience et son esprit à l'histoire de son temps ; puis, pendant que tous les regards allaient de Mme de Motteville à la jeune étourdie qui l'avait outragée et s'en repentait déjà, il lut :

Marquise, si mon visage
A quelques traits un peu vieux,
Souvenez-vous qu'à mon âge
Vous ne vaudrez guère mieux.

Le temps aux plus belles choses
Aime à faire cet affront :
Il saura faner vos roses
Comme il a ridé mon front.

Le même cours des planètes
Règle nos jours et nos nuits :
On me vit ce que vous êtes,
Vous serez ce que je suis.

Cependant j'ai quelques charmes
Qui sont assez éclatants
Pour n'avoir pas trop d'alarmes
De ces ravages du temps.

Vous en avez qu'on adore ;
Mais ceux que vous méprisez
Pourraient bien durer encore
Quand ceux-là seront usés.

Ils pourront sauver la gloire
Des yeux qui nous semblent doux,
Et dans mille ans faire croire
Ce qu'il me plaira de vous.

Chez cette race nouvelle,
Où j'aurai quelque crédit,
Vous ne passerez pour belle
Qu'autant que je l'aurai dit.

L'anecdote que je viens de conter dérange un peu ce que l'on savait sur l'origine de ces jolies stances que le poëte. disait-on, d'après une note des *manuscrits* de Conrart, aurait faites pour lui-même, un jour que Mlle Du Parc, surnommée *la Marquise*, se serait montrée cruelle pour sa galanterie de soixante ans. On me demandera d'où je tiens le fait nouveau qui, sous une apparence un peu romanesque, j'en conviens, tend à détruire la version acceptée. Je répondrai, pour ne pas donner à mon anecdote plus d'authenticité qu'elle n'en mérite, que ma principale preuve est une tradition transmise en plusieurs grandes familles de France, dont les aïeules assistaient à cette soirée célèbre, et qui était, dans ces nobles maisons, si bien passée à l'état d'histoire, ou pour mieux dire de vérité, qu'une pieuse personne de cette haute noblesse, devenue abbesse de Remiremont, donnait aux élèves de son pensionnat, comme sujet de narration, l'anecdote dont je parle, en disant qu'elle la tenait de sa grand'mère, qui l'avait apprise de la sienne.

J'ajouterai que si, faute d'autres preuves, la vérité sans réplique n'est pas pour moi; la vraisemblance y est toute. Qu'on relise les stances, surtout la seconde et la troisième, où la beauté défunte de la personne moquée est mise en comparaison avec les charmes trop vains de la jolie moqueuse, et l'on verra que Corneille, en les rimant, devait parler, non pour lui, mais pour une femme. La Place, à qui ces vers étaient venus sans doute par une tradition semblabe à celle que je viens d'invoquer, ne se méprit pas sur leur caractère, lorsqu'il les publia en 1786, dans le 4e volume de ses *Pièces intéressantes*. Il les signa du nom de Corneille, mais en ayant bien soin d'indiquer par le titre donné à la pièce que c'était une femme qui, sous le couvert du poëte, repliquait à une autre femme : *La comtesse de... à la marquise de...* Il oublia seulement de dire à qui Corneille avait prêté cette charmante réplique, et s'attira par là plusieurs critiques fort justes. On lui demanda, par exemple, de quel droit sa comtesse prétendue se faisait forte de la postérité, et se targuait d'un avenir de crédit sur les races nouvelles, où l'on ne croirait à la beauté des plus belles qu'autant qu'elle l'aurait proclamée. Maintenant que l'on sait ce qu'ignorait peut-être La Place, c'est-à-dire que la personne dont Corneille fut l'ingénieux porte-parole n'était autre que son amie Mme de Motteville, l'auteur de ces précieux mémoires sans lesquels tant de faits n'auraient pas d'histoires, et tant de femmes brillantes de la cour d'Anne d'Autriche se passeraient de renommée : la critique n'est plus à faire, la question n'est plus à poser [1].

Chez Mme de Motteville, lorsqu'il la voyait à Rouen, pendant l'exil qu'elle subit loin de la reine par ordre de Richelieu, Corneille ne rencontrait guère qu'une société de mécontents, livrée toute, en haine du ministre, à des idées de politique étrangère, qui tout bas se manifestaient par des complots, et publiquement par des préférences singulières pour des littératures autres que la française. L'Espagne y était surtout à la mode. Vanter ses grands hommes d'État ou de guerre, imiter ses poëtes, c'était s'attirer sans doute la disgrâce du ministre, mais c'était se mettre bien dans les faveurs de la Reine. Corneille, tout à Richelieu, suivit d'abord la voie contraire. Dans l'*Illusion comique*, où le fanfaron à l'espagnole est raillé, turlupiné, baffoué plus cruellement qu'il ne l'avait été nulle part chez nous depuis la Ligue, dont ces moqueries contre les Fracasses de Castille étaient les re-

1. Lorsque Sercy pria Corneille de lui communiquer pour son cinquième Recueil, publié en 1666, toutes les poésies fugitives qu'il avait pu faire, Corneille lui donna ces stances, mais en lui laissant ignorer sans doute quelle en était l'origine. L'anecdote manquant à sa jolie pièce, pour l'expliquer il lui fallait une conclusion. Il la donna, en ajoutant une stance, où il laisse croire qu'il a fait les vers pour lui-même. La voici ; elle nous semble, quant à nous, visiblement plaquée :

> Songez-y, belle marquise,
> Quoiqu'un grison fasse effroy,
> Il vaut bien qu'on le courtise,
> Quand il est fait comme moi.

présailles, Corneille avait obéi à l'inspiration populaire. I avait suivi l'élan d'une haine nationale, rendue surtout très vive à Paris par le souvenir du séjour armé qu'y avaient fai les soldats de Philippe II : en amis, disaient-ils ; en ennemis disaient les Parisiens. Le succès de la pièce avait donc ét grand chez le peuple, et il avait trouvé un écho satisfait dan le rire du ministre, dont la secrète antipathie se trouvait s bien servie et à un moment si opportun. Nous étions alors e effet en guerre avec l'Espagne, et pour le cardinal, à qui tou les moyens étaient bons, il ne semblait pas inutile que l'en- nemi tenu en échec au dehors par nos soldats, trouvât a dedans, pour combattre son influence et tuer son prestige quelque bonne machine de rire offensif, quelque bonne plai- santerie bien armée en guerre. Les victoires de l'esprit, e pareil cas, ne sont pas les plus mauvaises, et celle de Cor- neille sur l'Espagne, dans son combat contre le matamore était d'autant plus nécessaire, que l'ennemi comptait de nom- breux alliés au cœur même de Paris et de la cour, et que comme on sait, rien ne fait mieux reculer les esprits en- core hésitants qu'un ridicule public jeté sur le parti de leu choix.

Si l'on riait à l'hôtel de Bourgogne, si l'on riait au Palais- Cardinal, il n'en était pas de même chez Anne d'Autrich et dans la petite colonie de mécontents et de disgraciés qu s'était formée à Rouen. Quel accueil firent-ils à Corneille après son succès de l'*Illusion*, si bien gagné aux dépens de leurs bons amis les Espagnols ? on le devine. Il dut être ur peu grondé, puis ensuite pressé très-fort de donner une re- vanche à ce beau pays, dont l'héroïsme si cruellement paro- dié par lui pouvait, s'il le voulait, reprendre tout son lustre dans son œuvre la plus prochaine. M. de Châlon, qui avait été secrétaire des commandemements de Marie de Médicis, et n'était pas le moins animé contre Richelieu en faveur de l'Espagne, fut celui dont les instances le pressèrent le plus vivement[1]. Il savait le castillan, il n'ignorait rien de l'histoire d'Espagne, et il mit toutes ces connaissances au service de Corneille, qui, friand de nouveautés et sentant d'ailleurs que celles dont il allait faire moisson, dans ces contrées de l'héroïsme, conviendraient fort bien aux fiertés de son génie, accepta de grand cœur. C'est ainsi que le sujet du *Cid* lui vint en main, et que moins d'une année après, le chef-d'œuvre se trouvait créé, pour tout d'abord aller aux nues.

Cette fois, c'est la cour, c'est l'entourage même d'Anne d'Autriche qui fit le succès. Le roi lui-même y prit part, soit qu'il ne comprît pas d'abord la tendance de la pièce, soit plutôt encore qu'il prît plaisir à faire ainsi un peu d'opposition à son ministre et à se donner par là un air d'indépendance. La pièce fut jouée trois fois de suite au Louvre devant tout ce que la cour avait de plus brillant, et quand elle passa, peu après, sur le théâtre de l'hôtel de Bourgogne, toute cette foule l'y suivit. Les femmes même les plus réservées de l'intimité d'Anne d'Autriche, qui par piété ne hantaient jamais la salle de la comédie, y parurent au premier rang, applaudissant avec enthousiasme. Ce n'était pas un spectacle qu'on allait voir, c'est un coup d'État qu'on allait faire pour l'Espagne contre le ministre. « Je vous souhaiterois icy, écrit à Balzac, le 18 janvier 1637, Mondory, tout aussi surpris de cette affluence qu'émerveillé des beautés de la pièce[2]; je vous souhaiterois icy pour y goûter entr'autres plaisirs celuy des belles comédies qu'on y représente[3], et particulièrement d'un *Cid*, qui a charmé tout Pa-

1. V. ce qui se trouve à ce sujet au t. II, p. 157, des *Recherches sur le théâtre*, par M. de Beauchamps, qui tenait tous ces détails du P. Tournemine, régent aux Jésuites de Rouen, et, comme on sait, le meilleur ami de Corneille.

2. Cette lettre de Mondory a été publiée pour la première fois, d'après les *mss.* de Conrart, par M. J. Auguste Soulié, bibliothécaire à l'Arsenal, dans la *Revue de Paris* du 30 déc. 1838, p. 351-352.

3. L'année du *Cid* avait été bonne ; on avait joué : le *César* de Scudéry,

ris. Il est si beau qu'il a donné de l'amour aux dames les plus continentes, dont la passion a même plusieurs fois éclaté au théâtre public. On a vu seoir en corps, au rang de ses loges, ceux qu'on ne voit d'ordinaire que dans la chambre dorée et sur le siége des fleurs de lys. La foule, ajoute-t-il, a été si grande à nos portes, et notre lieu s'est trouvé si petit, que les recoins de théâtre qui servaient les autres fois comme de niche aux pages ont été des places de faveur pour les cordons bleus ; et la scène y a esté d'ordinaire parée de croix de chevaliers de l'ordre. »

Richelieu cependant laissait faire. Il se donnait même devant ce succès une contenance satisfaite, et semblait s'y associer de la meilleure grâce du monde. Afin de n'être pas en reste avec l'admiration royale, et pour que le Palais-Cardinal ne parût pas dédaigner ce que fêtait le Louvre, il avait fait représenter deux fois de suite dans ses appartements, car le théâtre où l'on devait jouer *Mirame* n'existait pas encore, la tragédie nouvelle, en dépit de ses airs espagnols et de ses allures ennemies. Il avait poussé plus loin encore ce beau semblant d'enthousiasme. La reine ayant désiré que l'auteur de cette œuvre incomparable, qui rendait un si grand service à sa cause, fût dignement récompensé, Richelieu aussitôt avait fait expédier au père de Corneille des lettres de noblesse, dont le bénéfice était pour la famille tout entière [1].

Au fond du cœur, il était piqué. Voir un auteur qu'il protégeait, qu'il pensionnait, Corneille alors recevait cinq

la *Cléopâtre* de Benserade, la *Marianne* de Tristan, et, mieux encore, *les Sosies* de Rotrou, le tout avec grand succès. Si Richelieu n'avait persécuté le *Cid* que par jalousie de poëte, pourquoi n'eût-il pas d'abord fait censurer ces autres pièces, dont la fortune, quoiqu'elle fût moindre, aurait dû certainement l'offusquer aussi.

1. Ces lettres de noblesse sont du 27 mars 1637. M. Floquet les fit connaître le premier dans un *Mémoire* lu à l'Académie de Rouen, le 20 janvier 1837, c'est-à-dire juste deux siècles après. M. Guizot les publia ensuite dans son beau livre, *Corneille et son temps*, 1852, in-8°, p. 286-288.

cents écus par an [1]; voir un poëte à ses gages, un homme à lui, se mettre ainsi, par un chef-d'œuvre, de complicité avec ses ennemis, et servir activement leur cause, cela l'indignait.

L'Espagne n'avait-elle pas assez de serviteurs en France, sans qu'elle vînt encore lui prendre les siens; ses succès n'étaient-ils pas assez grands sans qu'elle eût besoin de se faire une arme avec ceux du théâtre! Peu de mois auparavant, l'armée espagnole avait pris Corbie, et Paris avait tremblé, car entre son mauvais rempart et l'ennemi il n'y avait guère que trente cinq lieues sans place forte. Fausse alerte ! Grâce au ministre qui mit en moins de deux mois toute la France sur pied, et lança le roi lui-même contre la ville à reprendre, Corbie avait été reprise. Enlevée le 15 juillet 1636, le 10 novembre la place nous était rendue. Il fallait une revanche à l'Espagnol : et c'est le *Cid* qui la lui donnait, et cela très-peu de jours après, dans Paris, en plein Louvre, à la barbe même du cardinal! L'ennemi qu'on venait de battre se trouvait, de par Corneille, relevé, déifié dans son plus fier héros, aux frénétiques applaudissements d'un parti qui n'attendait pas tant et qui, par ce seul fait, de vaincu redevenait vainqueur! Richelieu fut le premier à sentir le coup. Il en trembla, s'il faut croire Fontenelle, dont une phrase à ce sujet n'a pas jusqu'à présent été assez remarquée. « Il fut, dit-il, aussi alarmé que s'il avoit vu les Espagnols devant Paris [2]. » Ce n'est pas tout : à l'ombre du chef-d'œuvre, sous le reflet de ces beaux vers qui ranimaient dans les esprits une si belle flamme d'admiration pour l'héroïsme espagnol, on continuait de conspirer plus que jamais pour l'Espagne, à ce point que, six mois après le *Cid*, le ministre était obligé d'en venir aux moyens extrêmes. Au mois d'août

1. Voltaire, *Commentaire sur la tragédie d'*Horace.

2. *Vie de Corneille* dans l'*Histoire de l'Académie française*, édit. Ch. Livet, t. II, p. 191.

1637, il faisait arrêter plusieurs personnes de la société la plus intime de la reine ; il envoyait au Val-de-Grâce, dont elle s'était fait une retraite de conspiration, le chancelier Séguier et le conseiller de la Potherie, qui découvraient une à une toutes les pièces du complot [1] ; et s'étant rendu lui-même près d'Anne d'Autriche, il recevait de sa bouche, entre autres déclarations, l'aveu qu'elle avait entretenu d'actives intelligences avec Mme de Chevreuse, ainsi qu'avec le marquis de Mirabel, ministre d'Espagne, et même « qu'elle avoit escrit et reçu des lettres de ce personnage, qui estoient en des termes qui devoient desplaire au Roy [2]. »

Cette exécution contre Anne d'Autriche n'avait pas détourné le cardinal de celle qui lui paraissait nécessaire contre deux autres complices de la conspiration : Corneille et le *Cid*. Il aurait pu faire interdire la pièce, mais c'eût été lui donner une importance qui eût centuplé son effet. Il aima mieux la faire censurer et parodier, comptant sur ces deux armes toujours infaillibles chez nous, surtout après un succès : la critique et le ridicule. Boisrobert se chargea de la parodie, qui fut jouée chez le ministre, devant la cour, par des laquais et des marmitons [3]. L'Académie se chargea de la censure avec la collaboration du ministre lui-même, collaboration satirique, qui fit croire « à une jalousie enragée [4] » où il n'y avait qu'un acte politique ; et dont il est impossi-

1. Elles furent vendues en 1838, avec la belle collection du marquis de Chalabre, dont elles faisaient partie ; puis elles furent remises en vente au mois d'avril 1847, par la *Société des Bibliophiles*. M. Le Roux de Lincy, secrétaire de cette Société, fit paraître alors, sous le titre de *Catalogue de documents historiques et de lettres autographes*, 1847, in-8o, une analyse de ces pièces qui nous a beaucoup servi.

2. *Id.*, p. 15.

3. *Historiettes* de Tallemant, édition in-12, t. III, p. 151, *Historiette de Boisrobert*.

4. Tallemant, édit. in-12, t II, p. 206.

ble de mettre en doute l'existence : « l'ébauche de jugement » dressée par Chapelain contre le *Cid*, au nom de l'Académie [1], se trouve encore à la Bibliothèque impériale [2], avec des apostilles écrites sous sa dictée par le médecin Citois [3], et quelquefois même de sa main. Chapelain, qui ne voyait dans tout cela qu'une affaire de littérature, n'avait pas été assez rude au gré du cardinal. C'est donc surtout de la sévérité qu'il lui recommandait dans ses notes [4].

Que se passa-t-il entre Corneille et Richelieu, lorsqu'ils se revirent, lorsque le ministre pu dire au poëte toute sa pensée sur l'emploi qu'il venait de faire d'un talent dont il avait pu se croire le maître, puisqu'il le pensionnait ? Je ne sais.

Corneille, après l'*Illusion*, avait été quelque peu grondé, je l'ai dit, par ses amis du parti de l'Espagne ; après le *Cid*, il dut l'être encore mieux par ses amis du parti antiespagnol. Si jamais le cardinal lui fit, sur son trop d'indépendance et sur les incohérences d'inspiration et de conduite qui en résultaient au point de vue de sa logique inflexible, le reproche qu'on lui attribue ; si jamais il dit à Corneille ce mot que Voltaire tenait de M. de Vendôme [5] : « *Il faut avoir un esprit de suite* », ce fut certainement à ce moment-là. Nous verrons tout à l'heure qu'il dut lui faire d'autres reproches encore, et que la connivence involontaire de l'auteur du *Cid* avec le parti de l'Espagne n'était pas son seul grief.

Quoi qu'il en soit, au mois de juillet 1637, Corneille savait dejà fort bien à quoi s'en tenir sur la pensée de Richelieu à propos de sa pièce. Il n'ignorait pas quels coups de férule lui ménageait l'impitoyable pédagogue, et par quelles mains,

1. V. sa lettre, publiée d'après un manuscrit appartenant à M. Sainte-Beuve, dans l'*Histoire de Corneille*, par M. Taschereau, 2e édit., p. 85.

2. Brunet, *Manuel du Libraire*, dernière édit., t. II, p. 283.

3. Pellisson, *Histoire de l'Académie*, édit. Ch. Livet, t. I, p. 92.

4. *Id., Ibid.*

5. Voltaire, *Remarques sur le Cid*, préface du commentateur, et *Lettre à Duclos*, dans le *Recueil de lettres inédites* donné par Cayrol, t. I, p. 323.

longtemps amies, mais d'autant plus envieuses depuis le succès, il s'apprêtait à les lui faire administrer. Toute cette bande enrôlée par le ministre pour le blanchissage de ses œuvres; toute cette troupe rimailleuse dont il avait partagé l'ingrat labeur jusqu'au jour où, chassé par le dégoût, il était retourné à Rouen, « sous le prétexte des arrangements de sa petite fortune [1] »; toute cette société d'auteurs, toute cette académie d'antichambre, où Colletet, l'Estoile, Boisrobert, Desmarets jouaient servilement au grand homme, s'était mise, Scudéry en tête, à déchirer, par ordre, par envie, le chef-d'œuvre d'un confrère devenu trop glorieux.

Un seul, le bon, l'héroïque Rotrou, s'était retiré de la coterie, quand il avait vu quels services hostiles à l'amitié l'on réclamait d'elle. Pendant que Corneille s'en allait à Rouen, avec ordre de Richelieu de se repentir de son chef-d'œuvre, Rotrou s'en retournait à Dreux, où il était lieutenant du bailliage, ayant le deuil au cœur de cette persécution dont on eût voulu qu'il devînt le complice. C'était le meilleur des hommes, et partant l'ami le plus brave et le plus sûr. Dix ans après, quand avec la *Théodore* commencèrent les vraies disgrâces de Corneille, il fut seul à le soutenir par l'hommage public qu'il lui rendit dans une scène du *Véritable Saint-Genest*, où la bonne intention de l'ami fit passer sur l'anachronisme [2]. Après le *Cid*, il ne pouvait que lui ouvrir son cœur : il n'y manqua pas. Il l'eût désiré près de lui, à Dreux, dans sa famille; mais Corneille se devait à la sienne, et leurs épanchements mutuels, l'un consolant, l'autre se laissant consoler, ne pouvaient ainsi se confondre que de loin, par lettres. On n'a pas celles de Rotrou, mais il en a été conservé une de celles de Corneille. Elle est charmante à tous égards; et comme elle n'a été jusqu'à pré-

1. Voltaire, *Remarques sur Médée*, préface du commentateur.

2. Guizot, *Corneille et son temps*, p. 371-372, *Notice sur J. Rotrou*.

sent reproduite que sur un texte inexact et incomplet, nous allons la donner ici d'après la copie plus irréprochable, que l'on conserve dans le fonds additionnel du *British Museum* [1].

« A Rouen, ce 14 juillet 1637.

« La raison, mon cher amy, n'a jamais eu d'énergie ni sur les forts ni sur les sots, et voilà juste pourquoy elle peut estre d'usage quelque peu pour les gens sensés. Ayant l'approbation de ceux-cy et la vostre, qui est tout ce que je souhaite, je ne dois donc esprouver aucune peine des extravagances que débitent les premiers. L'envie peut encore aller se joindre à eux sans que j'aye pour cela le moindre soucy. Si le *Cid* est jugé par l'Académie, et s'il est jugé avec impartialité, quel que soit son jugement, je ne dois voir en cette intention qu'une entreprise qui m'honore; mais j'ay bonne raison, je vous assure, mon amy, de craindre que cet aréopage ne se laisse diriger par celuy qui les a faits ce qui sont (*sic*). Ne croyez pas que Chapelain et Sirmond se dédisent : ils sont trop près de leur maître pour penser autrement que luy. Enfin je vous promets que je suis encore moins occupé de ma pièce que d'apprendre ce que vous faites. M. Jourdy m'a conté les plus belles choses de son voyage de Dreux, et me donne envie de venir vous voir dans vostre belle famille; mais c'est un plaisir que je ne sauray avoir de longtemps, vu que je veux vous montrer une nouvelle pièce qui est loin d'estre finie. Adieu, mon cher amy, mandez-moy des nouvelles plus souvent, et croyez que vous me comblez de joye quand je reçois des vôtres.

« CORNEILLE. »

Quelle était la pièce dont il s'occupait alors et dont l'achèvement lui semblait encore si lointain? Ce doit être la tragédie d'*Horace*, qui fut en effet si lente à marcher, au milieu des préoccupations que les censures de l'Académie et le mécontentement de Richelieu, grand meneur de ces pédagogues, jetaient dans l'esprit de Corneille et qui étaient autant de troubles pour son inspiration [2].

Commencé en 1637, *Horace* ne fut joué qu'en 1640. Ri-

1. Elle y fut retrouvée il y a trois ans par M. Gustave Masson, qui la fit paraître aussitôt dans la *Correspondance littéraire*, 3e année, p. 195.

2. Il n'était pas si troublé pourtant. S'il put donner, coup sur coup, en 1640, *Horace*, *Cinna* et *Polyeucte*, c'est que depuis le *Cid*, il était, ce nous semble, assez maître de lui et avait bien employé son temps.

chelieu en eut la primeur. « Pour le combat des *Horaces*, écrit Chapelain à Balzac, le 9 mars, ce ne sera pas sitôt que vous le verrez, pour ce qu'il n'a encore été représenté qu'une fois devant Son Éminence... »

Ne semble-t-il pas singulier que le cardinal se trouve encore là, et qu'après ce qu'il a fait subir à Corneille à propos du *Cid*, il ait la première confidence de son œuvre nouvelle ? Ce n'est pas tout : il se la fit dédier, afin que l'on sût bien que Corneille, un instant fourvoyé dans le parti contraire, était désormais à lui et n'avait d'autres idées que celles qu'il voulait bien lui donner. La dédicace, qu'on n'a pas assez lue, dit tout cela. On y sent Richelieu qui surveille, Richelieu qui commande, et qui surtout désire qu'entre lui et le poëte on voie bien la chaîne. Il veut que désormais, sachant à qui il est, on ne cherche pas à l'égarer dans une autre cause. Corneille subit l'irrésistible joug, et de son mieux il se fait humble. La nouvelle tragédie n'est, à l'entendre, « que ce qu'on pouvait raisonnablement attendre d'une muse de province. » Ici l'ironie perce, et Messieurs de l'Académie, — qui n'avaient pas encore voulu le recevoir parce qu'il n'habitait pas Paris, — durent sentir le coup de griffe. Si l'on y trouve quelques mérites, il faut les attribuer à Son Éminence, à qui l'on doit « deux obligations très-signalées : l'une, d'avoir ennobli le but de l'art ; l'autre, d'en avoir facilité les connaissances. » Enfin, si l'on remarque dans ce nouvel ouvrage quelque « changement visible », c'est que, suivant Corneille, l'Éminence « à laquelle il a l'honneur d'être » a bien voulu se faire son guide. « Qu'est-ce autre chose, dit-il, qu'un effet de grandes idées qu'elle m'inspire ? » En prenant ce mot à la lettre, on pourrait croire que le sujet d'*Horace* lui était venu de Richelieu lui-même. Pourquoi non ?

Le *Cid* avait failli devenir une arme de dissension ; pourquoi le cardinal, qui venait de faire cette épreuve des puissants effets d'une œuvre de Corneille, n'aurait-il pas voulu que son nouvel ouvrage fût la contre-partie de l'autre : un moyen de conciliation, un plaidoyer en faveur du sentiment de la patrie contre la guerre civile ? *Horace* n'est pas autre chose. On n'y voit pas seulement la patrie, mais la famille même, déchirée au plus profond de ses entrailles par des mains longtemps amies, longtemps fraternelles, qui, armées par la discorde, sont devenues ennemies et fratricides. Or la France, partagée entre deux partis toujours en présence et souvent en lutte sanglante, où ceux qui tenaient pour le ministre et ceux qui s'étaient faits les complices de Gaston, du comte de Soissons, de Chalais, de Cinq-Mars, disputaient à qui régnerait sur la patrie, en commençant par la déchirer : n'était-ce pas Albe d'un côté, et n'était-ce pas Rome de l'autre ?

Il me semble donc naturel que Richelieu, en qui dominait l'amour de la patrie, par l'ordre et l'unité, ait pu lui-même inspirer à Corneille la pensée d'une œuvre où se développent si fièrement des sentiments qui étaient les siens, et l'horreur de ce qu'il combattait.

Ainsi, chaque pièce de Corneille eut sa raison d'être et vint bien en son temps.

Si quelqu'un en doutait encore, ce que nous allons dire sur *Cinna* et sur les motifs auxquels est dû ce chef-d'œuvre achèverait, je crois, de le convaincre.

C'est en 1640 que *Cinna* fut joué d'abord, et c'est par conséquent en 1639 qu'il fut écrit. Or que s'était-il passé cette année-là dans la ville de Rouen, où Corneille menait la vie laborieuse et retirée que vous connaissez déjà ? De sinistres événements l'avaient agitée, ainsi que toute la province dont elle était la tête et le cœur. Les habitants des campagnes, surchargés des taxes mises sur le sel, sur le cuir et même jusque sur le pain, avaient refusé de payer [1].

1. Rathery, *Des anciennes institutions judiciaires de la Normandie*, dans la *Revue française* du mois de mars 1839, p. 269.

On avait arrêté les plus mutins ; ils en avaient appelé devant le parlement de Rouen et la cour des aides ; le parlement les avait fait mettre en liberté, et, par suite, la révolte, se croyant ainsi autorisée et se trouvant avoir un point d'appui, s'était étendue dans toute la province. On avait couru sus aux commis, démoli leurs maisons, et pendu même ceux qu'on avait pu trouver. Un chef mystérieux, que personne n'avait vu, mais que tout le monde nommait et chantait, conduisait cette jacquerie normande. C'était *Jean-va-nu-pieds*, descendant direct du *Jacques Bonhomme* des temps féodaux, et comme lui personnification terrible de la misère furieuse [1].

Richelieu veillait. Le danger, qui eût été grand partout, l'était là plus qu'ailleurs, à cause du voisinage de l'Anglais, toujours prompt à profiter de nos troubles, et en raison aussi de certain désir mal déguisé que les pays normands avaient toujours eu de se donner un duc [2].

Il fallait donc un remède énergique et sûr. Le cardinal n'était pas homme à le faire attendre ni à l'employer mollement, une fois qu'il l'aurait trouvé. Comme la première cause de cette révolte venait d'une rébellion du parlement de Rouen, il voulut que cette magistrature insubordonnée fût punie par la main d'un magistrat. Le chancelier Séguier

1. Rathery, p. 269. — V. aussi *Diaire, ou Journal du chancelier Séguier en Normandie après la sédition des nu-pieds, et documents relatifs à ce voyage et à la sédition*, publiés pour la première fois par A. Floquet, Rouen, 1842, in-8, *Introduction*.

2. Tallemant des Réaux, 1re édit., t. I, p. 392. — Corneille commença, « sur un ancien duc de son pays », un poëme dont parle La Pinelière (*le Parnasse*, etc., p. 62) ; mais il ne semble pas qu'il l'ait achevé. Brébeuf, son ami, qui prétendait descendre des Arundel, compagnons de Guillaume le Bâtard pour la conquête de l'Angleterre, lui avait peut-être inspiré cette idée, et peut-être y renonça-t-il sur un avis de Richelieu, à qui ne pouvait que déplaire un tel poëme au moment où les idées d'indépendance, avec un duc pour chef, faisaient des progrès en Normandie.

fut chargé de ses ordres. Il partit avec une armée, et quelques jours après, Rouen était occupé militairement.

Le parlement, qui prévoyait ce qu'il devait attendre de la colère d'un homme comme Richelieu, lui avait en hâte envoyé deux de ses principaux magistrats pour supplier et demander pardon. Ils ne purent rien obtenir. Rouen fut traité comme une ville prise d'assaut. On la frappa d'une taxe de 1,085,000 livres; son conseil municipal fut dissous; le parlement, la cour des aides, le lieutenant général du bailliage furent interdits. Ce n'est pas tout. Il fallait du sang dans toutes les rigueurs qu'ordonnait Richelieu. Un grand nombre d'habitants furent arrêtés, on fit leur procès, et quarante-six furent condamnés: quatre à être rompus vifs, vingt au gibet, vingt-deux au bannissement perpétuel.

Le chancelier, qui réglait toutes ces représailles sur la connaissance qu'il avait des sévérités ordinaires à celui dont il était l'exécuteur, ne se croyait pas satisfait encore. Après avoir décimé la population, il voulait décapiter la ville elle-même, et rêvait pour cela la démolition de sa maison commune. C'était trop de zèle. Le cardinal, à qui il envoya le menu de ses rigueurs, fit écrire en marge : *Bon, à l'exception du rasement de l'hôtel de ville* [1].

Maintenant, rappelons-nous que Corneille vivait au milieu de cette ville ainsi désolée; songeons que, comme avocat aux siéges généraux de l'amirauté, il faisait lui-même partie de ce parlement qui avait surtout été frappé; n'oublions pas que parmi les citoyens proscrits il avait certainement des amis, peut-être des parents, et nous comprendrons comment, en présence du deuil public dont quelques grâces descendues de haut pouvaient seules adoucir l'amertume, l'idée lui vint d'écrire une pièce où se trouverait tout ce qui peut engager à la clémence.

1. Rathery, p. 271.

Quoique le cardinal eût fait censurer le *Cid*, nous avons vu que Corneille était encore assez de ses amis pour oser lui donner, par allusion et en beaux vers, le conseil d'être généreux. Lui proposer d'imiter Auguste, n'était-ce pas d'ailleurs déguiser un avis sous un éloge ? Richelieu ne voulut pas comprendre. Il ne vit pas avec quelle adresse le génie, guidé par le cœur, avait fait de la clémence la plus belle vertu d'Octave; avec quel art il avait montré comment, en pardonnant, Auguste s'était fait tout pardonner à lui-même. Il ne sentit pas quelle flatterie intelligente et digne d'obtenir un pardon pour récompense se trouvait à l'adresse de son propre pouvoir, dans l'éloge que fait Cinna de la puissance absolue. Il ferma l'oreille aux aveux que le sublime avocat des proscrits fait contre eux et contre leur révolte quand il met ce vers dans la bouche de son principal conjuré :

Le pire des États, c'est l'État populaire 1.

En un mot, Richelieu ne vit rien et ne pardonna rien. Pas un proscrit ne fut rappelé. Jusqu'au temps de la Fronde, le parlement resta meurtri des coups terribles que lui avait attirés sa courte rébellion.

Quand cette époque fut venue, lorsque Rouen fut comme le royaume, en proie à deux partis, celui des frondeurs et celui du roi, Corneille, conséquent avec lui-même, n'hésita pas. Se mettre du côté de la Fronde, c'eût été renier tout son passé, démentir ses anciens hommages : sa dédicace de *Polyeucte* à la reine, et ses vers à Mazarin pour le remercier

1. Beaucoup, au temps de Corneille, étaient de son avis et devaient, sous une forme plus ou moins modifiée, répéter son vers. « Le gouvernement populaire est le pire fléau dont Dieu afflige un État quand il le veut châtier », a dit Cyrano dans sa *Lettre contre les frondeurs*, et Bossuet, dans son *Cinquième Avertissement aux protestants* : « L'État populaire, le pire de tous. » *Œuvres complètes*, t. XIV, p. 311.

du présent qu'il lui avait fait après la dédicace de la *Mort de Pompée* [1]. Son devoir était dans le parti du roi, il le suivit et n'eut pas à s'en repentir. D'abord, il est vrai, sa cause fut celle des vaincus ; mais lui plaisant, elle devait bientôt plaire à la destinée. Le duc de Longueville, après avoir été pendant une année maître en Normandie, fut obligé de céder la place aux mazarins [2]; sa femme fut chassée de Rouen, et le comte d'Harcourt, nommé gouverneur de la province, remplaça l'administration qu'ils y avaient établie par une autre dévouée au ministre. Au premier rang figura Corneille.

On le récompensa de sa fidélité par l'emploi de procureur syndic des états, que lui conféra le roi lui-même, alors à Rouen, le 17 février 1650 [3]. Il était besoin dans cette place « de quelque personne capable, et dont l'affection et fidélité fut connue ; » tels sont les termes de la lettre de cachet envoyée deux jours auparavant à l'hôtel de ville de Rouen [4]. En de telles conditions, le choix du roi est un éloge pour Corneille. Fut-il bon syndic, administra-t-il bien ? je ne sais. L'avocat Baudry, créature des Longueville dont il avait pris la place, fit écrire par le Breton Jacques de Lescornay [5] une *apologie particulière*, où, si le duc et tous les siens sont très-bien traités, Corneille est en revanche assez malmené. C'était de bonne guerre. « Le sieur Baudry, disait par exemple Lescornay, a du moins cette consolation dans sa disgrâce, qu'on ne lui a osté la protection du peuple [6] que pour ce qu'on le veut impunément

1. *Œuvres diverses*, p. 151-154.

2. Feuillet, *la Misère au temps de la Fronde*, 1862, in-8, p. 115 et 168 169.

3. *Document communiqué à l'Académie de Rouen* par M. Floquet, le 18 novembre 1836. (*Revue rétrospective*, 31 décembre 1836, p. 327.)

4. *Id.*, p. 328.

5. M. C. Moreau, dans la *Bibliographie des mazarinades*, t. I, p. 59, n° 119, a le premier fait connaître son nom.

6. C'est-à-dire le pouvoir de protéger le peuple.

opprimer, et qu'il n'a pas failliy dans sa charge. En effet, on luy a donné un successeur qui sçait fort bien faire des vers pour le théâtre, mais qu'on dict estre assez malhabile pour manier les grandes affaires. Bref, il faut qu'il soit ennemy du peuple, puisqu'il est pensionnaire de Mazarin. » Déduction singulière, et conclusion plus étrange, surtout contre un homme comme Corneille !

Quant à son peu d'habileté pour les grandes affaire, nous l'accordons, sachant déjà qu'il s'entendait mal aux petites. C'était sans doute aussi l'avis de Mazarin, car l'année d'après, M. de Longueville s'étant remis de son parti, le sieur Baudry fut rétabli dans la place que Corneille lui-même n'était peut-être pas fâché de rendre[1]. Il n'avait pas été syndic plus longtemps qu'il ne devait être marguillier un peu plus tard.

Son travail faisait plus besoin au théâtre que dans les administrations : il y retourna donc. *Nicomède* fut le meilleur gage de son retour.

Corneille y fut politique plus fin qu'il ne l'avait sans doute été dans la politique même ; il y fut mazarin aussi, anti-frondeur, comme dans sa place, et, par allusion transparente, ennemi des princes. Quand on revoit la pièce, il est hors de doute que pour maint passage il songeait à eux. Celui-ci notamment où il est parlé d'un victorieux qui se fait de ses victoires un instrument de tyrannie ou une excuse de révolte va droit au Condé de la Fronde. *Sa témérité*, dit Prusias à propos de Nicomède,

> N'est qu'un pur attentat sur mon autorité.
> Il n'en veut plus dépendre et croit que ses conquêtes
> Au-dessus de son bras ne laissent point de têtes ;
> Qu'il est lui seul sa règle, et que sans se trahir
> Des héros tels que lui ne sauraient obéir.
> C'est d'ordinaire ainsi que ses pareils agissent,
> A suivre leur devoir leurs hauts faits se ternissent,

1. *Revue rétrospective*, 31 décembre 1836, p. 332.

Et ces grands cœurs enflés du bruit de leurs combats,
Souverains dans l'armée et parmi leurs soldats,
Font du commandement une douce habitude
Pour qui l'obéissance est un métier trop rude.

Condé comprit certainement, mais n'en resta pas moins, nous l'avons dit, le meilleur ami de Corneille. Dans la maison de Longueville, on ne lui tint pas non plus rigueur. La duchesse lui pardonna d'avoir été son ennemi: il avait mis à l'être si peu d'habileté! Elle lui en aurait voulu davantage pour la moindre opposition dans l'affaire des sonnets de *Job* et *Uranie* qu'elle avait tant à cœur; mais il ne s'en mêla pas, ou fit si bien dans les deux sonnets et dans l'épigramme [1] qui lui furent inspirés par cette contestation, qu'on ne sut s'il tenait pour Uranie ou pour Job. Il n'était décidément bon politique qu'en vers. Dix ans après, au mois d'avril 1661, il était si bien entré dans les bonnes grâces de la maison de Longueville, que Mme de Nemours, fille de la duchesse, agréait comme page le second de ses fils [2], heureuse de donner à Corneille « cette marque de la bienveillance et du cas qu'elle faisait de sa personne [3]. »

Corneille, après *Nicomède*, ne mit plus guère dans ses pièces de politique à transparente et directe allusion, si ce n'est peut-être encore un peu dans *Othon*, en novembre 1664.

Louis XIV alors régnait enfin seul; tout lui revenait désormais des soins et de la gloire du trône. Corneille,

1. *Œuvres diverses*, p. 186-188.

2. Loret, qui était à Mlle de Nemours, ne manqua pas, dans sa *Muse historique* du 30 avril 1662, de la féliciter de l'accueil qu'elle avait fait ainsi,

Au jouvenceau de Rothomage,
Parce qu'il est le noble enfant
De Corneille, esprit triomphant.

3. Lettre *inédite* de Chapelain, du 30 mars 1661, appartenant à M. Sainte-Beuve.

qui était toujours dans un état de fortune à demander quelque chose au prince, et qui en ce moment même avait, comme nous le verrons, une grâce à attendre de lui, ne laissa pas échapper l'occasion de lui paraphraser à sa manière l'éloge de « l'État, c'est moi ». Dans une tirade que dit Lacus, préfet du prétoire [1], il mit, entre autres vers très-remarqués, ceux-ci :

Au timon qu'il embrasse il se fait le seul guide,
Consulte et résout seul, écoute et seul décide.

Tallemant, qui vit la pièce, comprit comme tout le monde, et beaucoup plus même. A l'entendre, ce n'est pas seulement ce passage, mais une foule d'autres aussi, en un mot toute la tragédie qui était une allusion continuelle [2].

Il y saisissait même, avec cette sagacité de malice qui l'éclairait si bien dans le scandale, mainte insinuation complaisante au sujet des relations du roi et de Mlle de la Vallière, devenues publiques depuis un an [3]. C'était beaucoup trop voir, et partant voir mal. La seule scène qui puisse un peu se prêter à ce que croit Tallemant est celle du premier acte, entre Othon, amoureux sensuel et positif comme le fut Louis XIV, et Plautine, toute aux sentiments de platonisme épuré, qui n'étaient plus guère alors l'amour de la Vallière, et que Corneille, encore épris de cette façon d'aimer, avait plutôt trouvés dans son propre cœur que dans la conduite de la maîtresse du roi à ce moment-là. Il avait fait de Plautine une sorte d'amante immaculée telle que ne l'était plus la Vallière, et telle qu'elle ne le redevint qu'après les purifications du repentir. Était-ce donc un crime, et faut-il dire qu'il a été complaisant, parce qu'à propos d'un amour

1. *Othon*, acte II, scène IV.
2. *Historiettes*, édit. P. Paris, t. VII, p. 254.
3. *Id.*, *ibid.*

sans pureté il en a su peindre un d'une pureté parfaite? L'allusion, s'il y eût songé, aurait été là plutôt un blâme qu'une flatterie : mais croyez qu'il n'y songea pas.

La seule qu'il se permit est celle que nous avons indiquée tout à l'heure. Voyons dans quel intérêt; cherchons pourquoi, surtout alors, il lui importait d'être agréable à Louis XIV.

Tallemant[1] dit qu'en cela il n'avait qu'un but, « faire continuer la gratification du roi à son endroit. » Soit, mais ce n'est pas tout; Corneille avait autre chose encore à obtenir du roi. Qu'était-ce? Il nous faut, pour l'expliquer, revenir un moment sur les lettres de noblesse accordées au père de Corneille dans le mois de janvier 1637, en plein succès du *Cid*, « glorieuse récompense, dit Thomas[2], à laquelle il ne faut pas douter que le mérite du fils n'ait beaucoup contribué. » Ce fils, à qui elle était due, en eut tout naturellement sa part, ce qui fit crier bien haut ses ennemis, et leur donna l'occasion de dépenser leur envie en toutes sortes de plaisanteries d'une nouvelle espèce. Aux critiques contre le poëte s'ajoutèrent les railleries contre le noble fraîchement fabriqué. « Prenez garde, lui dit, par exemple, Claveret[3], avec l'esprit distingué et fin qu'il mettait partout, prenez garde d'effacer vos lettres de noblesse : elles sont si fraîches! » Puis vinrent des plaisanteries du même goût sur le bon air qu'aurait Corneille avec l'épée, que ces lettres de noblesse « lui donnaient permission de porter », et qui le gênerait quelque peu, lui qui, ne gardant rien de la vaillance qu'il prêtait à ses héros, « faisait profession publique de poltronnerie[4]. » Corneille, à tout cela, ne répondit

1. *Historiettes*, édit. P. Paris, t. VII, p. 254.

2. *Dictionnaire universel géographique et historique*, 1708, in-fol., p. 301.

3. *Lettre du sieur Claveret au sieur Corneille, soy disant autheur du* Cid, 1637, in-8, p. 34.

4 *Lettre à *** sous le nom d'Ariste*, 1637, in-8, p. 3-5.

pas plus qu'au reste. Il fut noble, comme il était poëte, avec modestie et sans rien de fanfaron. Quand son père mourut, le 12 février 1639, il fut maintenu dans tous les droits et priviléges attachés à la noblesse, et dont un surtout lui importait à cause de sa fortune toujours précaire, c'était l'exemption des taxes. Un édit, rendu dans les premiers temps du règne de Louis XIV, lui enleva cet avantage. Il fut décidé qu'on taxerait, comme gens de roture, les nouveaux anoblis : or Corneille était du nombre, ainsi que Boisrobert. Réclama-t-il? je ne sais. Quant à Boisrobert, j'en suis sûr. Sa réclamation nous est parvenue sous forme d'Épître au chancelier Séguier. C'est même par là seulement que nous avons su que Corneille eut cet ennui.

Après avoir dit dans cette épître, négligée par tous les biographes de notre poëte, combien il lui déplaît de voir qu'on le range, lui Boisrobert, abbé de Châtillon, parmi les gens taillables, parmi ces roturiers mal anoblis qui ne doivent leur noblesse qu'à un peu d'argent comptant, il ajoute :

J'apprends que l'illustre Corneille
Souffre une disgrâce pareille.
Pense-t-on que les bons autheurs
Soient un gibier à collecteurs?
Distingue-nous de la canaille
Qui, pour s'affranchir de la taille,
A beaux deniers ont acheté
Cette nouvelle qualité [1].

Corneille connut des premiers cette pièce, où Boisrobert lui donnait part si obligeamment dans la réclamation faite pour leur intérêt commun. Il l'en remercia par des vers que l'abbé mit en tête du volume dans lequel elle fut jointe à ses autres épîtres [2].

1. Cette épître parut dans la première partie des *Epistres* de l'abbé de Boisrobert, 1647, in-4°, et dans les *Epistres en vers et autres œuvres poétiques de M. de Boisrobert*, 1659, in-8, p. 114.

2. Ces vers de Corneille, que l'abbé Granet recueillit le premier, *Œu-*

Quel fut le résultat de cette supplique, faite un peu pour Corneille et dont il devait par conséquent avoir un peu de bénéfice, si bénéfice devait suivre? je ne saurais le dire au juste. Il me paraît toutefois probable que l'exemption des taxes lui fut accordée de nouveau. Son zèle pour la cour, son dévouement à Mazarin, comme poëte d'abord et ensuite comme procureur syndic à Rouen, ne lui méritaient pas moins. Nous ne sommes donc pas surpris de le voir plus tard en si complète possession de sa noblesse, qu'il se hasarde à ne plus s'en cacher. Les envieux qui se sont moqués de lui lorsqu'il l'a obtenue lui reprochent alors d'en faire parade. « De quoi, lui dit par exemple l'abbé d'Aubignac, de quoi vous êtes-vous avisé, sur vos vieux jours, d'accroître votre nom et de vous faire appeler M. de Corneille? »

C'est en 1663, dans sa *Quatrième Dissertation*, que d'Aubignac parlait ainsi. Moins d'un an auparavant, Molière, en son *École des Femmes*, avait pris à partie, aussi pour sa noblesse, « le petit frère » de Corneille, Thomas, qui, bien plus jeune, et partant plus facilement fanfaron, ne prenait partout que le beau nom de M. de l'Isle. Molière se vengeait ainsi des propos que Thomas avait tenus contre lui et sa troupe, lorsqu'ils débutaient au Petit-Bourbon, et dont nous avons vu plus haut un assez aigre échantillon.

Quoi qu'on dise qu'il s'en prit aussi à Corneille, et que le M. Lycidas de la *Critique* n'est autre que notre poëte saisi sur le fait du mécontentement morose que lui avait causé le succès de ce nouveau-venu et de son *École des Femmes*, je crois, moi, qu'il le respecta. Corneille commandait à tous et surtout à ses pairs, dont Molière était déjà, vénération et générosité. Il avait pu se laisser aller à quelques

vres diverses, p. 164, et qu'on a reproduits depuis dans toutes les éditions, font allusion au passage de l'épître de Boisrobert que nous venons de citer, ce qui n'empêche pas que personne jusqu'à présent n'avait pris la peine de voir ce qu'était ce passage et s'il importait à la vie de Corneille.

mouvements de dépit, soit : n'était-il pas homme avant d'être grand homme ? Il avait pu, avec un secret déplaisir trop vite échappé en des boutades de critique, se dire, à la vue des comédies de Molière, que celles qu'il avait faites, même le *Menteur*, valaient moins et se trouvaient pour jamais vaincues ; s'avouer que chez Molière, « tout sent la comédie », tandis que chez lui dans le comique « il y a toujours quelques scènes trop sérieuses [1]; » et, reconnaissant « que Molière avait cet avantage sur lui [2] », craignant surtout que ce nouveau genre ainsi mis en honneur ne prît le pas sur l'autre, le tragique, sa vie et sa gloire, et n'en fît baisser le prix [3], il avait pu témoigner par instants une jalousie involontaire : ce fut tout certainement. Molière, qui se connaissait trop en hommes pour ne pas pardonner ce qui est de l'homme, même dans le plus grand, Molière, j'en répondrais, ne lui en voulut pas. Cette jalousie de Corneille n'avait pas d'ailleurs dégénéré en haine. Elle s'était perdue dans un découragement qui, après *Othon*, l'aurait peut-être éloigné de nouveau de la scène, si celui-là même dont les succès l'offusquaient et le décourageaient le plus, si Molière, oubliant tout, ne fût venu à Corneille et ne lui eût ouvert son théâtre, quand les autres menaçaient de se fermer pour ses pièces.

Ici, avant de revenir à sa noblesse et de parler des nouveaux embarras qu'elle allait alors lui susciter, je ne dois pas oublier de dire quelques mots du nouvel ennui qui commença, vers le même temps, à jeter son amertume dans sa vieillesse, si découragée déjà et si inquiète.

Corneille ne connaissait pas encore de rivaux sérieux. Tous ceux qu'après le *Cid*, Richelieu avait voulu improviser

1. *Segraisiana*, p. 212.

2. *Ibid.*

3. G. Guéret, *la Promenade de Saint-Cloud*, dans les *Mémoires* de Bruys, t. II. p. 213.

contre lui, par un effort de ce despotisme à qui rien ne semble impossible même la création instantanée d'un homme de génie, avaient disparu, effacés devant les chefs-d'œuvre qu'il avait donnés pour suite au premier : *Horace*, *Cinna*, *Polyeucte*, la *Mort de Pompée*, *Rodogune*.

Aucun de ces concurrents, aucun de ces grands hommes de la fabrique du cardinal, n'avait pu tenir contre Corneille, pas même Scudéry avec sa grande pièce de l'*Amour tyrannique*, dont Sarrasin avait écrit, sous l'inspiration du ministre, un si bel éloge [1], et que la politique, toujours en jeu chez Richelieu, même pour les affaires de littérature, lui avait fait si hautement préférer au *Cid*.

Pourquoi ? Parce qu'en cette tragédie phrygienne, il n'y avait pas, comme dans l'œuvre de Corneille, le moindre danger d'une application favorable à l'Espagne ; parce que « le pouvoir absolu des rois, même sur leurs proches, y était exalté » ; tandis que dans le *Cid* « se trouvaient quelques paroles qui choquaient les grands ministres [2] ; » parce que rien, enfin, dans cet *Amour tyrannique* de Scudéry, n'était en opposition avec les actes de son gouvernement, que froissaient, au contraire, dans le *Cid* un certain nombre de vers où, ne voyant pas une complaisance, Richelieu trouvait une révolte. Que n'eût-il pas, lui qui n'admettait rien sans règle et sans soumission, que n'eût-il pas préféré à cette œuvre assez osée non-seulement pour se permettre de vanter l'Espagne au moment où il la combattait, mais encore pour faire l'éloge de ce qu'il avait condamné, de ce qu'il avait frappé ? Pouvait-il, par exemple, après ses édits contre le duel, après la sanglante justice qu'il avait faite des

1. *Œuvres* de Sarrasin, 1696, in-8, p. 301-344.

2. Sorel, dans sa *Bibliothèque françoise*, Paris, 1664, in-12, p. 185, dit que cela fut pour beaucoup dans l'aversion du cardinal contre le *Cid*, et il se fait fort, comme témoignage, de certains « mémoires de ce temps qui ne sont pas imprimés. »

grands spadassins Bouteville et Deschapelles, pouvait-il laisser passer les vers de hautain mépris que Corneille prête à don Gormas au sujet des réparations d'honneur où n'intervient pas l'épée et que le sang n'arrose pas ?

> Ces satisfactions n'apaisent point une âme ;
> Qui les reçoit n'a rien, qui les fait se diffame ;
> Et de tous ces accords l'effet le plus commun
> Est de perdre d'honneur deux hommes au lieu d'un.

Il fit retrancher ce couplet de la pièce [1] ; puis, pour tous les autres griefs qu'il craignait d'avouer, nous l'avons dit, il mit son Académie aux trousses du chef-d'œuvre : il ordonna de l'abattre, et d'élever après, avec ses débris, un piédestal à l'auteur de l'*Amour tyrannique*. On ne peut, par bonheur, commander avec succès ni de telles exécutions ni de telles exaltations. Un chef-d'œuvre ne peut ni se détruire par ordre ni s'imposer sur commande. Scudéry fut Scudéry après l'*Amour tyrannique* et les éloges ordonnés par le ministre, ni plus ni moins qu'auparavant ; et Corneille aussi resta Corneille dans la solitude rayonnante que lui avait fait le *Cid*, c'est-à-dire sans concurrent à craindre, sans rival sérieux.

Quinault sembla quelque temps devoir être ce rival. Encouragé par Corneille, qu'il avait connu chez Mlle Serment, et à qui il ne manquait pas d'adresser un des premiers exemplaires de chacun de ses ouvrages [2], il était peu à peu arrivé à se faire une place presque de niveau, du moins par

1. Ces vers furent publiés pour la première fois par l'abbé d'Allainval dans la *Lettre à milord *** sur Baron et Mlle Lecouvreur ;* puis, en 1738, P. Jolly les donna dans l'avertissement de son édition des *Œuvres* de Corneille, t. I, p. xvj.

2. M. de Soleinne possédait l'exemplaire des *Coups de l'amour et de la fortune*, que Quinault avait donné à Corneille. V. *Catalogue* de sa bibliothèque, t. I, p. 290.

le succès, avec celle de Corneille, parfois même au dessus, comme en 1663, lorsqu'il écrivit l'*Astrate*, dont la fortune éclipsa celle de la *Sophonisbe* [1]. Sa complaisance pour le goût du public, de plus en plus porté vers le romanesque des inventions, et chaque jour plus affamé des beaux sentiments à tendresse raffinée, avait été pour une bonne part dans son succès. Il s'était fait une renommée pour ses pièces par le regain de celle des romans de Mlle de Scudéry et de La Calprenède, dont il se contente souvent de reproduire les imaginations, avec l'assaisonnement de langueurs et d'afféteries dont il avait la doucereuse recette.

Le tendre était à la mode, il en fallait partout ; c'était son heure. L'homme qui devait le mieux en trouver l'expression dans toutes ses nuances et l'élever jusqu'au génie par la vérité, Racine, approchait.

Quand il parut, Quinault fut comme s'il n'eût jamais été, et l'on ne parlerait plus de lui, s'il ne s'était sauvé, dans le lyrique, de l'oubli de ses tragédies. Corneille lui-même fut effacé. Moins vieux, il eût peut-être tenu bon ; mais que pouvait-il, à son âge, contre un tel émule, qui, pour garantie d'un succès auquel son talent pouvait suffire, apportait le double à-point de sa jeunesse et de la nouveauté d'un genre acclamé d'avance par le public ? Rien ne lui manquait. Ce qu'il tenait de la nature avait éclos dans l'étude et s'était mûri par le travail. Tout ce qui pouvait l'éclairer sur l'art qu'il se donnait pour carrière, il l'avait étudié. Pour vaincre Corneille, il lui avait dérobé son secret par une lecture infatigable de ses œuvres, et non content des armes que le poëte lui avait ainsi prêtées contre lui-même, il en avait encore emprunté à ses ennemis.

Il existe à Toulouse, dans la bibliothèque du lycée, un exemplaire du livre de l'abbé d'Aubignac, *la Pratique du*

1. Deltour, *les Ennemis de Racine*, p. 6-7.

théâtre, qui appartint jadis à Racine, et dont les marges, couvertes de notes toutes de sa main, attestent la lecture la plus assidue et la plus réfléchie. Pour tout ce qui se trouve d'important en ce volume, sur le théâtre des anciens, sur Aristote, puis encore sur les modernes, particulièrement sur les Italiens, Racine a quelques mots, même parfois quelques lignes, et au besoin une annotation si abondante, qu'elle déborde d'une marge sur l'autre [1].

C'est surtout lorsqu'il s'agit des pièces du temps que son élégante et fine écriture se laisse aller à ce babillage marginal. Aux pages 167 et 168, par exemple, l'abbé, qui n'est jamais favorable à Corneille, bien que ses grandes campagnes contre lui ne soient pas encore commencées, puisque le livre est de 1657, et que *Sertorius* et *Sophonisbe*, causes du combat, ne paraîtront que plusieurs années après ; l'abbé s'attaque vivement à la tragédie de *Rodogune*.

Il ne reprend pas contre elle le débat soulevé quand elle parut, au commencement de 1646, en concurrence tout d'abord triomphante avec la tragédie du même titre que le résident de Suède, Gabriel Gilbert, avait fait jouer peu de mois auparavant. D'Aubignac ne se demande pas d'où vient pour ces deux pièces, si rapprochées l'une de l'autre, la similitude du fond et de la plupart des détails. Il ne cherche pas, comme Fontenelle [2], si d'aventure celle de Gilbert ne serait pas née d'une confidence que lui aurait faite quelque indiscret admis par Corneille à l'une de ces lectures dont il était trop prodigue peut-être pour ses tragédies en ébauche. Peu lui importe aussi que la pièce ait ou non été inspirée par un roman « que Corneille embellit et que Gilbert

1. Quelques-unes de ces notes, relevées par M. F. Ravaisson, ont été publiées dans la *Nouvelle Revue encyclopédique* (nov. 1846), p. 436-439.

2. *Vie de Corneille*, dans l'*Histoire de l'Académie*, édit. Ch. Livet, t. II, p. 196.

gâta [1] », mais qui, s'il existe, expliquerait du moins que les deux tragédies puissent se ressembler, sans que les auteurs se soient pillés entre eux : roman très-ancien, mais entièrement oublié, dit Voltaire qui ne l'avait pas vu ; roman « écrit en latin par un moine du moyen âge », disait Laujon, qui prétendait en avoir brûlé un rarissime exemplaire plutôt que de le livrer à Voltaire, dont la malice, il le savait, en eût fait le plus mauvais usage contre Corneille [2].

Rien de tout cela n'importe à d'Aubignac ; il n'en dit mot, et pour cause peut-être. Ce qui lui soucie à lui, le grand ergoteur juré, avec procuration d'Aristote, à lui, l'intraitable éplucheur de vraisemblances, ce n'est pas le sujet même, mais sa mise en œuvre : c'est le plus ou moins d'art à développer la vérité des faits, ou du moins à y faire croire. Or, en cela, tout admirable qu'il est, le dénoûment de *Rodogune* semble lui donner prise, et il s'empresse d'en profiter. Pourquoi, se demande-t-il surtout, ce poison si subtil servi par Cléopâtre ; pourquoi ce poison si prompt « dont Rhodogune (*sic*) découvre l'effet auparavant qu'Antiochus ait prononcé dix vers ? » Cléopâtre, dont il devait assurer la vengeance et qui n'y trouva que la mort, aurait bien fait, pour la vraisemblance, de nous expliquer d'abord à quel point il est foudroyant. Elle eût ainsi, suivant l'abbé, préparé l'événement déjà prévu sans faire deviner celui qui arrive : « On aurait cru seulement, ajoute-t-il, qu'elle l'eût dit comme un moyen facile dont sa rage se servait contre les innocents, et ainsi il n'y aurait pas eu lieu de prévoir qu'elle s'en dût empoisonner elle-même. » La critique n'est pas

1. Voltaire, *Remarques sur Rodogune*, préface du commentateur.

2. L'anecdote nous vient de Ch. Briffault. Il la raconte au long dans ses *Passe-Temps d'un reclus* (*Œuvres*, t. III, p. 53), et prétend que Laujon dut à cette bonne action envers la mémoire de Corneille l'appui que lui prêta Delille quand il se fit candidat à l'Académie française.

bien fine, et l'on pouvait aisément s'aviser d'une meilleure. C'est ce que fit Racine.

« *L'embarras*, écrivit-il en marge, *ne serait pas moindre. Car quelle apparence que cette Cléopâtre, après avoir dit que le poison fera mourir sur-le-champ celui qui le prendra, se puisse résoudre à en prendre elle-même la moitié, afin de porter son fils et Rhodogune à prendre le reste? Elle aura lieu de supposer qu'elle mourra avant qu'ils aient le temps de boire le reste de son poison. Ainsi, l'on ne pourra plus dire ce vers :*

Pour vous perdre avec elle, elle a voulu périr,

et elle mourra bien plus légèrement qu'elle ne fait. C'est bien assez qu'elle se fasse mourir de gaieté de cœur, sans y être forcée (comme elle l'est dans l'histoire avec bien plus de vraisemblance), elle qui se doit fier sur l'amitié de son fils, et réserver sa vengeance à une autre occasion. »

Contre un tel esprit, si bien armé de critique, et qui de plus avait pour lui l'inspiration, le sentiment et l'étude, le génie de Corneille n'avait qu'à se bien tenir quand arriverait entre eux le moment de la rivalité. La première épreuve ne parut pas à craindre. La tragédie de *la Thébaïde, ou les Frères ennemis*, dans laquelle Racine avouait son impuissance par un emprunt textuel fait, sous prétexte d'admiration, à l'*Antigone* de Rotrou, ne fut qu'un coup d'essai sans grande valeur pour l'avenir du poëte, et sans danger pour ceux avec qui il entrait en concurrence de tragédie. L'entreprise de l'*Alexandre*, faite plus à loisir, quoiqu'un peu à la hâte aussi, fut bien autrement décisive l'année d'après. Corneille cette fois put voir d'un seul coup, et par l'œuvre même et par les moyens employés pour que le succès en fût durable, à quel esprit plein de ressources il allait avoir affaire.

Il s'y méprit cependant d'abord, à ce point que, loin de pressentir quel homme était Racine, il ne devina même pas en lui le poëte de théâtre. Par une déférence naturelle pour son glorieux aîné, et cédant à ce besoin de conseils qu'il portait alors partout, mais qui ne trouva réellement à se satisfaire qu'en ses entretiens avec Despréaux, Racine était allé lire son *Alexandre* à Corneille. L'attention du grand poëte fut grande, et digne de celui qui le consultait. « Il lui donna, dit Valincourt [1], beaucoup de louanges, mais en même temps lui conseilla de s'appliquer à tout autre genre de poésie qu'au dramatique, l'assurant qu'il n'y était pas propre. »

Le succès lui fit voir sa méprise. Il fut grand tout d'abord ; mais, le voulant plus décisif et pensant qu'il l'obtiendrait sur un théâtre mieux fait pour la tragédie que ne l'était celui de Molière, où sa pièce avait reçu d'abord une hospitalité digne d'une autre récompense, Racine porta *Alexandre* à l'hôtel de Bourgogne. C'était une ingratitude, mais, comme un triomphe plus grand en fut le prix, elle ne passa que pour de l'habileté. De cette façon, Racine s'assurait à jamais le le théâtre où le genre qu'il voulait suivre était le plus heureux, et il venait de plain-pied combattre Corneille, sur son terrain même, avec l'espoir non-seulement de le lui disputer, mais de le lui enlever tout à fait. Il n'y réussit que trop.

Cinq mois après l'*Alexandre*, Corneille donna son *Agésilas*, de qui allait dépendre son avenir à l'hôtel de Bourgogne. Comme au théâtre on compte presque pour rien les succès passés, et qu'il faut sans cesse y rajeunir sa fortune, la destinée de Corneille, malgré tant de chefs-d'œuvre, se trouvait toute sur l'enjeu de cette pièce nouvelle. Qu'elle réussisse, il est sauvé ; qu'elle tombe ! il est perdu. Elle tomba, et du même coup, le théâtre qui, tenant un homme plus jeune et plus heureux, ne se souciait guère d'affronter de nouveaux

1. *Lettre* à l'abbé d'Olivet, dans l'*Histoire de l'Académie*, édit. Ch. Livet, t. II, p. 336. Louis Racine répète le fait, que Valincourt lui avait dit tenir de son père même. *Mémoires sur la vie de Jean Racine*, Lausanne et Genève, 1747, in-12, p. 54.

malheurs avec de nouvelles pièces du vieux poëte, se ferma brusquement pour lui. C'est alors que Molière lui tendit la main.

Ils avaient à prendre contre Racine, coupable d'ingratitude envers l'un et de succès vis-à-vis de l'autre, une commune revanche. Molière offrit les moyens, Corneille les accepta. Il savait qu'au Palais-Royal, la tragédie n'était pas aussi bien jouée qu'à l'Hôtel, mais encore valait-il mieux être mal interprété que ne l'être pas du tout. N'allait-il pas d'ailleurs trouver chez Molière, comme nous l'avons dit, et Mlle Marotte, son amie du Marais, et Mlle Du Parc, son ancienne passion à Rouen ? Comme il penchait volontiers où inclinait son cœur, il se fût donné au théâtre de Molière rien que pour le bonheur de cette rencontre. Il ne dura guère. Mlle Du Parc quitta bientôt le Palais-Royal, et c'est à Racine encore que Molière et Corneille durent ce déplaisir. Peu de jours après la représentation de l'*Attila*, donnée au Palais-Royal, et qui n'avait pas réconcilié Corneille avec la fortune, à Pâques de l'année 1667, la Du Parc déserta le théâtre de Molière pour celui de l'Hôtel, où Racine la demandait, ayant alors besoin d'une Andromaque [1]. Ainsi le jeune homme avait tous les avantages sur le vieillard : après lui avoir pris son succès, il lui prenait ses amours.

Corneille, en vieux lion, ne s'avoua pas vaincu et voulut résister. La lutte était engagée ; il la soutint pied à pied, acceptant tous les terrains et toutes les armes, soit qu'ils lui fussent offerts par son jeune adversaire, soit qu'ils fussent proposés par quelques-uns des curieux de ce duel, à qui leur rang donnait le droit d'imposer des conseils et des ordres. C'est ainsi que, sur un désir d'Henriette d'Angle-

1. M. Deltour, *les Ennemis de Racine*, p. 157, a cru à tort, avec Louis Racine, que le départ de la Du Parc eut lieu dans le même temps que le retrait de l'*Alexandre*. M. L. Passy, en un excellent article du *Journal des Débats*, 24 janvier 1860, a rétabli la vérité des faits et les a remis chacun à sa date, d'après le Registre de Lagrange.

terre, duchesse d'Orléans, Corneille ne craignit pas d'affronter le sujet de *Bérénice*, en concurrence avec Racine, sans considérer que ce qui convenait aux délicatesses en fleur du frais talent de son rival était incompatible avec la vieille énergie du sien et ses rudesses défaillantes. Corneille devait encore être vaincu et il le fut en effet. Sa pièce de *Tite et Bérénice* ne fit que traîner pendant quelques mois sa fortune douteuse, sur le théâtre de Molière, pendant qu'à l'hôtel de Bourgogne, la *Bérénice* de Racine fournissait la plus glorieuse carrière.

C'était en 1670. Deux ans après, Corneille recommence la lutte. Après une suspension d'armes pendant laquelle Molière, qui l'a retenu à son théâtre, a fait, de concert avec lui et Quinault, autre vaincu de Racine, la pièce de *Psyché*, où le génie du vieux poëte jette un éclat suprême et inattendu, Corneille, se sentant plus fort, rentre dans la lice.

Il sait que Racine compose une tragédie sur Mithridate, vieux, mais amoureux ; et croyant sentir en lui ce qu'il faut justement pour un tel sujet, car, tout vieux qu'il est il sait aimer encore, nous l'avons dit et *Psyché* l'a bien prouvé, il veut de son côté donner une pièce où l'on verra quelque vieillard héroïque aux prises avec l'amour. Il choisit le sujet de *Pulchérie*, dont nous avons déjà parlé. Son héros sera le vieux Martian. L'idée fut-elle soumise à Molière? je ne sais, mais en ce cas il est du moins probable qu'il ne l'approuva point. Ce n'est pas en effet sur son théâtre, mais sur celui du Marais, depuis longtemps déserté par Corneille, que *Pulchérie* fut jouée.

Il n'avait pas perdu un instant pour la mener à bien et faire en sorte qu'elle eût sur l'œuvre de Racine une avance qu'il n'avait pu prendre au moment de *Bérénice*, et qu'il croyait avoir été l'un de ses plus graves désavantages. Sans cesser d'aller au théâtre, où il assistait surtout aux pièces de son rival, dont il épiait volontiers les fautes afin de n'y pas tomber lui-même, et de les critiquer au besoin plus ou moins discrètement, comme il fit pour *Bajazet*, un soir qu'il se trouvait à côté de Segrais sur les bancs du théâtre[1]; il travaillait sans trêve ni relâche. Aussi se trouva-t-il prêt pour son nouvel ouvrage, moins d'un an après la représentation du dernier, la *Psyché*.

La *Pulchérie* de Corneille fut jouée au Marais dans le mois de novembre 1672, tandis que le *Mithridate* de Racine ne fut donné à l'hôtel de Bourgogne qu'au mois de janvier suivant; mais il eut bientôt repris l'avance perdue. Le succès la lui rendit. Il fut tout d'abord incontestable pour Racine, en même temps qu'il restait au moins douteux pour Corneille. Les amis seuls du pauvre vieux poëte voulaient bien dire que *Pulchérie* avait réussi. C'était moins pour le croire eux-mêmes que pour le lui persuader. Dans le fond, ils savaient à quoi s'en tenir, et leurs confidences plus intimes laissaient voir ce qu'ils pensaient. Mme de Sévigné, qui longtemps avait tenu bon pour Corneille, et résisté de son mieux aux séductions qui lui eussent fait commettre une infidélité en faveur de son jeune émule, ne put cette fois s'empêcher de donner le pas à Racine sur le vieil ami Corneille, à *Mithridate* sur *Pulchérie*, dont une lecture faite, comme nous l'avons dit, chez le cardinal de Retz, lui avait cependant fait augurer très-favorablement. Mais la pièce de Racine avait paru et tout avait pâli devant elle[2]:

1. *Segraisiana*, 1re édit., p. 46-47. La critique fort juste faite à ce propos par Corneille fut répétée par son ami de Visé dans le *Mercure*, et même par l'inoffensif Robinet, qui dit dans sa *Gazette rimée* :

> Champmeslé, dessus ma parole.
> De Bajazet soutient le rôle
> En Turc aussi doux qu'un François,
> Et musulman des plus courtois.

2. Corneille, pour n'éviter aucune comparaison, avait eu soin que sa

« *Mithridate*, écrivit-elle à sa fille le 24 février 1672, est une pièce charmante ; on y pleure ; on y est dans une continuelle admiration ; on la voit trente fois, on la trouve plus belle la trentième que la première. » Ensuite elle ajoute, dans une petite phrase ingrate et sèche : « *Pulchérie* n'a pas réussi. »

Ainsi, rien ne restait au pauvre Corneille. Il perdait même ses meilleurs amis. Le succès de son rival rendait les uns infidèles, la mort lui enlevait les autres. En 1661, elle lui avait ravi l'un des plus excellents, Brébeuf, avec qui, tant à Rouen qu'à Paris, il avait eu si souvent de poétiques entretiens, et parfois même des luttes à rimes courtoises, sur le terrain du poëme de la *Pharsale*[1], dont, au grand désespoir de Brébeuf qui le traduisait, Corneille avait imité plusieurs parties, devenues dèslors plus inaccessibles : « Dans ce poëme inimitable qu'il a fait de la *Mort de Pompée*, avait dit Brébeuf[2], il a traduit avec tant de succès, ou même rehaussé avec tant de force ce qu'il a emprunté à Lucain, et il a porté si haut la vigueur de ses pensées et la majesté de son raisonnement, qu'il est sans doute malaisé de le suivre. » Il ne le tenta pas moins, et fit bien. Il n'eut pas l'approbation de Boileau ; il s'en consola par celle de Corneille. Quand Brébeuf mourut, dans une misère qui n'avait fait que les rapprocher, ils étaient de plus en plus amis.

Cette perte fut un des premiers deuils de la vieillesse du grand poëte ; en 1673, il en fit une plus cruelle encore, car ce fut tout ensemble un coup porté à son cœur et à sa fortune déjà si défaillante : Molière mourut. Ils n'étaient vraiment amis que depuis peu d'années, mais on eût dit qu'ils l'étaient

pièce parût imprimée en même temps que celle de Racine. Walcknaere, *Mémoires sur la vie de Mme de Sévigné*, t. IV, p. 291.

1. V. notre livre de *l'Esprit des autres*, 4e édit., p. 144.

2. Traduction de la *Pharsale* de Lucain, avertissement en tête des livres VII et VIII.

d'enfance, tant, entre de tels esprits, les liens une fois formés se serrent promptement. Où Corneille trouvera-t-il désormais l'accueil si plein de déférence que sa vieillesse obtenait chez Molière? Qui l'écoutera aussi patiemment et le payera si bien d'une lecture par de bons conseils? Quand une pièce sera terminée, car il est, nous l'avons dit, à la tâche, et chaque année doit apporter son œuvre, chaque hiver sa tragédie, où sera-t-il sûr de trouver une hospitalité toujours prête, l'accueillant malgré ses inconstances, et ne le faisant jamais repentir, par une plaisanterie ou par un retard, des fantaisies de transfuge qu'il se permet parfois du côté de l'hôtel de Bourgogne ou du Marais?

En perdant Molière, Corneille perd ce qui lui reste: aussi, quoique l'impérieux besoin doive plus que jamais le presser, ne fera-t-il plus rien. Sa pièce de *Suréna* est commencée, il l'achèvera, la fera jouer à l'hôtel de Bourgogne, presque par pitié, se laissera vaincre encore une fois par Racine, arrivé, avec l'*Iphigénie*, au point culminant de sa gloire [1], à l'heure où lui-même est à son dernier déclin, puis tout sera dit pour Corneille. Quoiqu'il ait encore dix années à vivre, il n'écrira plus rien pour la scène. Quand on le rencontrera par la ville et qu'on lui demandera s'il n'a pas quelque nouvel ouvrage sur le métier, il passera en hochant la tête, comme pour dire: C'est fini! ou bien il répondra comme il fit un jour à Urbain Chevreau: « M. Corneille, cinq ou six ans avant sa mort, écrit celui-ci, m'a dit: qu'il avait pris congé du théâtre, et que sa poésie s'en était allée avec ses dents [1]. »

Son génie, qui, sur la fin, n'avait plus que de rares intermittences, semble à jamais assoupi sans espoir de réveil. Vous savez ce que Molière dit un jour, devant Baron, à quelques amis qui, revenant de voir une pièce de Corneille, en parlaient avec admiration, répétant sans cesse qu'il n'y

1. *Chevræana*, 1697, in-8, p. 94.

avait jamais eu de plus grand poëte : « Eh bien, Messieurs, s'écria Molière, quittant un travail qu'il avait fini pendant cette conversation, vous sortez donc de la tragédie, et vous êtes assez bons pour croire que cette pièce est de Corneille ! — Comment ? s'écrièrent-ils. — Oui, reprit Molière, je vais vous apprendre comment le bonhomme travaille. Il y a vingt ans qu'un lutin l'a pris en amitié et vient le voir fort souvent. Lorsqu'il voit le bonhomme fort occupé, fort embarrassé, il lui dicte une douzaine, une vingtaine de vers, mais de ces vers que font les lutins et que les hommes ne feraient jamais. Le bonhomme enchanté écrit sous sa dictée, et le lutin, charmé de lui faire niche, disparaît en riant. Le bonhomme cherche, travaille, sue. Le lutin revient le voir et lui dicte encore quelques vers. Voilà ce que c'est que les pièces de Corneille [1] ». Après *Suréna*, qui s'était fait presque sans lui, le lutin était pour toujours parti. Molière, qui l'avait devancé de quelques mois, semblait par sa mort avoir hâté son départ.

En perdant cet ami, Corneille avait perdu sa dernière force.

Les ennemis, cependant, qui sont d'ordinaire de trempe plus vivace, étaient restés. Dans le nombre s'en trouvait un qui avait, trente ans auparavant, attaqué le *Cid*, et dont l'infatigable inimitié cherchait encore à se prendre au grand homme : c'est le poëte-avocat Jean Claveret. Lié d'abord avec Corneille, qui l'avait gracieusement admis à déposer quelques-uns de ses vers au frontispice de sa comédie de la *Veuve* [1], Claveret, je ne sais comment, était passé, à l'époque du *Cid*, dans le camp des ennemis du poëte. Était-ce jalousie ? peut-être, quoique Claveret se fût beaucoup trop honoré en laissant croire, par cette jalousie, à quelque égalité entre son pauvre esprit et le génie de Corneille. Peut-être était-ce plutôt encore par suite de quelque haute influence, car nous

1. Brotier, *Paroles mémorables*, 1790, in-12, p. 82-83.

connaissons assez Claveret pour savoir à quel point il était esclave des moindres désirs d'un personnage important. Il n'y avait pas d'esprit plus complaisant et plus domestique que le sien. Son parasitisme était même tel, et il portait si bien partout des airs de valet, qu'on disait qu'il l'avait été en effet. Les uns prétendaient avoir tâté des sauces de sa façon dans la cuisine de certains grands seigneurs [1], et, suivant d'autres, il avait été sommelier d'une assez médiocre maison où il avait connu Corneille « en lui versant à boire [2]. » Tous ces quolibets étaient revenus contre lui, à la file, lorsqu'il avait eu la sottise de se mêler à la querelle du *Cid*, dans le parti des adversaires de Corneille. Ce fut pour lui une triste campagne. Il ne s'en pardonna pas l'insuccès et le pardonna moins encore au poëte. Il lui fallait une revanche. Il l'attendit trente ans, et comme on va le voir, il la manqua encore lorsque le moment fut venu. N'ayant pu, chez Corneille, avoir raison du poëte, il s'en prit au gentilhomme. En 1664, l'occasion se trouva bonne, il la saisit.

Que s'était-il passé ? nous allons le dire, en revenant ainsi, selon notre promesse, sur la noblesse de Corneille et ses vicissitudes.

En 1664 donc, au mois de mai, un édit avait paru qui supprimait toutes les lettres de noblesse accordées, tant par le roi régnant que par son père, depuis un demi-siècle, c'est-à-dire depuis le 1er janvier de l'année 1614. C'en était fait de la gentilhommerie de Corneille, car elle ne datait, on le sait, que de 1637, et la Normandie n'avait pas été ici plus épargnée que les autres provinces. Ses nobles de fraîche date avaient même, dans l'édit, leur article spécial [3].

1. *Lettre pour M. de Corneille contre les mots de la lettre sous le nom d'Ariste*, etc., 1637, in-8.

2. *Id.*, *ibid.*

3. V. un article de M. Ludovic Lalanne dans l'*Athenæum* du 26 mars 1853, p. 301.

Voilà notre poëte retombé en pleine roture, ce qui pour nous ne semble pas un grand mal, mais ce qui était alors une véritable déchéance Non-seulement on perdait, à de telles suppressions, tous les frais du blason qu'on n'avait pas manqué de se faire fabriquer chez Ségoing, d'Hozier ou quelque autre, mais on se retrouvait mis à la taxe, comme le dernier croquant. Ni plus ni moins qu'un vilain, on redevenait taillable et corvéable. Par surcroît, on devait essuyer encore les moqueries des mauvais plaisants qui, n'ayant jamais pu être nobles, s'en vengeaient sur ceux qui ne l'avaient été qu'un instant. Claveret fut de ces plaisants-là. Il guettait depuis trente ans sa vengeance contre Corneille, et, s'en croyant bien sûr cette fois, il fit sans tarder une pièce à l'adresse des nobles si brusquement démonétisés et replacés sous la férule des percepteurs d'impôt. Cette pièce, assez piètre au point de vue littéraire, mais curieuse comme actualité, n'a pas moins de cinq actes en vers. Son titre est *l'Ecuyer, ou les Faux Nobles mis au billon*. Dès la dédicace, que Claveret adresse aux vrais nobles, l'attaque commence contre les faux. Il y déclare l'édit parfaitement juste et très-opportun. Il ne fallait pas moins, suivant lui, « dans ce grand chaos de la France, où tant de gens d'une naissance basse et méprisable entreprenoient de marcher de pair avec les vrais nobles, en usurpant le *titre d'écuyer* qu'ils ne méritoient pas ». Ceci va droit à Corneille, dont le titre nobiliaire était en effet celui d'écuyer, auquel il ajoutait quelquefois le nom de *sieur de Damville*.

C'est en 1665 que parut la pièce de Claveret, et alors Corneille avait si bien fait, qu'il était déjà peut-être au-dessus de ses attaques, c'est-à-dire rétabli dans la possession du titre que lui avait enlevé l'édit. Un sonnet au roi, qui n'a été retrouvé qu'il y a dix ans à la Bibliothèque impériale [1],

1. *Recueil* de Théodore et Denys Godefroy, portefeuille n° 217.

avait suffi pour cela. *Grand Roy*, disait en finissant Corneille, après avoir rappelé l'édit dont il était victime,

> Grand Roy, ne souffre pas qu'il ait tout son effet,
> Et qu'aujourd'hui ta main, pour moy si libérale,
> Reprenne le seul don que ton père m'a fait.

Je ne saurais dire si la grâce demandée se fit ou non attendre, mais il est certain qu'elle fut accordée. Corneille, à la fin de sa vie, pouvait reprendre le titre d'écuyer, sieur de Damville ; et, après lui, son fils aîné le porta. Il n'est pas douteux que l'exemption d'impôt, qui en était la conséquence, fut octroyée en même temps.

Tous les petits nobles de Normandie n'eurent pas le même bonheur. Il est vrai que, n'ayant pas puisé leur noblesse à une aussi noble source, ils n'avaient pas des droits égaux à ceux de Corneille. L'impôt continua de frapper tout l'arrière-ban de haute et basse Normandie. Il en résulta de grands mécontentements, dont profitèrent, dix ans après, La Tréaumont et le chevalier de Rohan. Les conjurés qu'ils recrutèrent pour leur entreprise, si vite avortée, étaient presque tous de cette petite noblesse normande [1]. Quand les fils du complot eurent été saisis et lorsqu'on eut mis la main sur les chefs, c'est encore le vieux poëte normand qui, pour demander grâce, intervint avec *Cinna*, l'impérissable plaidoyer de la clémence. Au mois de novembre 1674, peu de jours avant l'exécution du chevalier de Rohan, la pièce, choisie exprès, fut jouée devant Louis XIV ; il s'en montra profondément ému [2], et il aurait certainement pardonné, si ses ministres ne lui eussent fait sentir la nécessité d'un exemple [3]. Ce fut une noble tentative perdue, non pas tout

1. *Correspond. administr. de Louis XIV*, t. III, p. 221-222.
2. *Anecd. dram.*, t. I, p. 203.
3. Hénault, *Abrégé chronolog. de l'hist. de France*, p. 755.

à fait pour Corneille cependant. Le roi, qu'on avait depuis longtemps, à ce qu'il paraît, sevré de ces chefs-d'œuvre, y reprit goût en revoyant *Cinna*. C'est pendant les deux années qui suivirent qu'eurent lieu, sur le théâtre de la cour, ces reprises successives de *Pompée*, *Horace*, *Sertorius*, *Œdipe*, *Rodogune*, dont nous avons déjà parlé, et qui méritèrent à Louis XIV, au mois d'octobre 1676, un si noble remercîment de la part du poëte.

Si Corneille, réintégré dans sa noblesse, ne payait plus l'impôt trop roturier de la taille, il en payait un autre, celui du sang. C'était la redevance obligée des gens de qualité : il n'avait pas voulu s'y soustraire. Quiconque se faisait fort d'être gentilhomme devait servir en personne, « s'il était d'âge à porter les armes », ou par ses enfants, « s'il en avait qui fussent capables de suppléer à l'infirmité ou caducité dans laquelle il pouvait être [1] ». Or lorsqu'en 1664, la noblesse lui fut retirée, puis rendue, Corneille avait quatre fils. Les deux plus jeunes, par une destination conforme à l'esprit du temps, devaient être d'Eglise. Quant aux deux aînés, il fallait, suivant le même usage, qu'ils fussent à l'Etat, comme soldats. Le père satisfit rigoureusement à la coutume : Charles, son troisième fils, fut, comme nous l'avons dit, mis chez les jésuites, où il mourut à seize ans ; le quatrième, nommé Thomas, entra dans les ordres et fut abbé d'Aiguevive en 1680 ; mais les deux autres, dont l'aîné s'appelait Pierre, comme son père, prirent sans tarder du service.

Corneille était sévère sur le devoir. En 1664, il reprend sa noblesse, avec ses priviléges, mais aussi avec ses charges, et la même année ses deux fils sont déjà sous les drapeaux : l'un en âge d'y être, car il n'a pas moins de vingt et un ans ; l'autre, plus jeune de plusieurs années, car il n'y a pas cinq ans qu'il a été placé comme page chez

1. *Corresp. administr. de Louis XIV*, t. III, p. 162.

Mme de Nemours, d'où on l'a fait sortir pour qu'il soit soldat.

La date de l'entrée au service des deux fils de Corneille n'est pas douteuse. Lui-même, en effet, nous l'a donnée, lorsqu'il a dit, au mois d'octobre 1676, dans son *Epître au Roy*[1] :

> Je sers depuis douze ans, mais c'est par d'autres bras
> Que je verse pour toi du sang dans les combats.

Après ces deux vers, faisant retour vers une des plus grandes douleurs de sa vie, vers un deuil trop ordinaire aux pères qui ont des enfants aux armées, il ajoute :

> J'en pleure encore un fils, et tremblerai pour l'autre
> Tant que Mars troublera ton repos et le nôtre.

Quel est ce fils ? est-ce l'aîné? est-ce le cadet ? où, quand et comment l'a-t-il perdu ? Une lettre qu'il écrivit à Colbert en 1678, pour demander qu'on lui rendît sa pension supprimée depuis quatre ans, va nous répondre à ces questions douloureuses. Corneille y commence par des regrets pour la gratification perdue ; puis, avec cette modestie que la pauvreté lui aurait rendue si l'orgueil de sa gloire la lui avait fait perdre, il ajoute : « Je ne l'ai jamais méritée, mais enfin j'ai tâché à ne m'en rendre pas tout à fait indigne par l'emploi que j'en ai fait. Je ne l'ai point appliquée à mes besoins particuliers, mais à entretenir deux fils dans les armées de Sa Majesté, dont l'un a été tué pour son service au siége de Grave, l'autre sert depuis quatorze ans et est maintenant capitaine de chevau-légers.[2] »

1. *Œuvres diverses*, p. 102.

2. Nous avons plus haut, p. xlvij, donné à cette lettre la date de 1683, d'après M. Taschereau (p. 234-235). Tout bien examiné, c'est celle de 1678 qui lui convient. En 1683, il y avait dix-neuf ans, et non pas qua-

Cette triste affaire de Grave s'était passée au mois d'octobre 1674. Le jeune Corneille, qui était parmi les assiégeants avec le grade de lieutenant de cavalerie, avait tenté une sortie à la tête de sa compagnie, et n'était pas rentré dans la place. Il était tombé sous un coup de mousquet parti des rangs de l'armée de ce prince d'Orange dont le père, longtemps notre ami, avait eu pour secrétaire des commandements M. de Zuylichem, un des premiers patrons de Corneille. C'est à lui que sont dédiés le *Menteur* et *Don Sanche*.

Pierre, le fils aîné, fut plus heureux. Il parvint au grade de capitaine de cavalerie, épousa la jolie fille du marchand Cauchois, et par ce mariage roturier, mais riche, fut en état de faire bonne figure à Rouen, où il devint propriétaire de plusieurs maisons [1]. Plus tard, ayant assez servi, il quitta l'armée, vécut de ses rentes, et figura, sur l'*état de la France* [2], avec la qualité de seigneur d'Amville, parmi *les gentilshommes de la maison du Roy* [3].

Le second fils du poëte avait toujours été malheureux à l'armée. Sept ans avant le siége de Grave, se trouvant à celui de Douai, il avait reçu une assez forte blessure au pied. Le roi se trouvait à ce siége, et quand il revint, Corneille lui adressa une épître où il n'eut garde d'oublier ses fils, et surtout le coup de feu du cadet :

> Le plus jeune [4] a trop tôt reçu d'heureuses marques
> D'avoir suivi les pas du plus grand des monarques ;
> Mais s'il a peu servi, si le feu des mousquets
> Arrêta dès Douai ses plus ardents souhaits,

torze, que le fils aîné de Corneille était au service, puisqu'il y était entré, comme nous venons de voir, en 1664.

1. *Précis des travaux de l'Académie royale de Rouen*, 1834, p. 165-169.

2. Année 1692, p. 232.

3. On a répété, d'après l'article de Victorin Fabre dans la *Biographie universelle*, que le mariage du fils de Corneille était une mésalliance dont le père s'était indigné. C'est une assertion sans preuve.

4. Nous avons dit, dans notre comédie, que le blessé de Douai était,

Il fait gloire du lieu que perça la tempête.
Ceux qu'elle atteint au pied ne cachent pas leur tête ;
Sur eux à la fortune ils laissent tout pouvoir,
Ils s'offrent tout entiers aux hasards du devoir.

N'y a-t-il pas là une petite requête de gratification pour le jeune blessé ? peut-être. Fut-elle écoutée ? j'en doute. Il n'obtint, je crois, que son congé. On l'apporta tout éclopé, sur un brancard, jusqu'à la maison de son père. La paille qui lui servait de lit sur la civière fut laissée à la porte, et comme M. de la Reynie faisait faire alors partout, hormis pourtant devant les palais [1], une très-exacte police de propreté publique, Corneille fut cité au Châtelet, pour ces quelques brins de paille,

Qu'un trop vigilant commissaire
Rencontra fortuitement
Tout devant sa *porte cochère*.

L'affaire ne pouvait aller bien loin. On rit plus qu'on ne gronda, et le poëte fut renvoyé sans frais.

En termes gracieux la police lui dit :
La paille tourne à votre gloire;
Allez, grand Corneille, il suffit. [2]

Corneille demeurait alors rue d'Argenteuil, dans une maison rebâtie depuis, mais dont la *porte cochère* qui reçut sur son seuil la malencontreuse jonchée de paille subsiste cependant encore. Il était venu se loger là probablement, cette année même, cinq ou six mois auparavant, à l'époque où

non le plus jeune, mais l'aîné des fils de Corneille. Nous partagions l'erreur commise par M. Guizot, *Corneille et son temps*, p. 257, et par M. Taschereau, *Histoire de Corneille*, dernière édition, p. 207.

1. Subligny, la *Muse Dauphine* (21 nov. 1666), p. 243.

2. *Gazette rimée* de Robinet, lettre du 30 juillet 1667.

ses relations plus suivies avec la troupe du Palais-Royal, pour la représentation d'*Attila* et des autres pièces qui se succédèrent jusqu'à *Psyché*, lui avaient fait une nécessité d'habiter dans le voisinage de Molière et de son théâtre. Quand il travaillait pour les comédiens du Marais, il n'avait pas manqué de prendre gîte dans leur quartier. Ainsi, en 1662, après cette émigration de Rouen à Paris, après ce déménagement de toute sa famille : ménage, femme et marmots, auquel il ne se décida qu'après la mort de sa mère [1], et dont les embarras accumulés faillirent ne pas lui laisser assez « de liberté d'esprit pour mettre quelque chose cette année-là sur le théâtre », où le trouvons-nous installé ? tout près de ses chers comédiens de la rue Vieille-du-Temple, qui jouèrent bientôt après son *Sertorius*. « Une chambre », c'est-à-dire tout un logement lui a été offert à l'hôtel de Guise, rue du Chaume, il l'a accepté ; dussent s'en indigner, comme nous l'avons vu, des Réaux et d'Aubignac. Ce n'est même pas tout : s'il faut en croire celui-ci, Corneille a mieux encore à l'hôtel de Guise. Il y est complétement hébergé. « Vous êtes, dit-il à Corneille, pour lui reprocher d'avoir dédié à son hôte la *Défense de Sertorius*, vous êtes bien peu judicieux d'avoir payé en si mauvaise monnaie le couvert et la table dont il vous honore. [2] »

Bientôt la *Sophonisbe* est faite : c'est aux comédiens de l'Hôtel qu'il la destine, et déjà il songe à se rapprocher de la rue Mauconseil, où se trouve leur théâtre. Où ira-t-il ? Si le roi consentait à le loger au Louvre, quelle aubaine ! Il en a déjà tenté la fortune ; il y revient par quelques vers d'al-

1. Taschereau, p. 183-273.

2. *Troisième et quatrième Dissertation*, p. 117-118. — On sait que l'hôtel de Guise, devenu à la fin du XVIIe siècle l'hôtel de Rohan-Soubise, est aujourd'hui le *palais des Archives*.

lusion insinuante, mis à la fin du *Remercîment*, publié justement à cette époque même, en 1663 :

Ouvre-moi donc, grand Roy, ce prodige des arts,
Que n'égala jamais la pompe des Césars ;
Ce merveilleux sallon où ta magnificence
Fait briller un rayon de sa toute-puissance,
Et, peut-être animé par tes yeux de plus près,
J'y ferai plus encor que je ne te promets.

Il n'obtint pas, demeura quelque temps encore à l'hôtel de Guise, puis se rabattit humblement sur le quartier de la butte Saint-Roch, sur la rue d'Argenteuil. Triste quartier, encore tout infecté des immondices dont l'amoncellement avait formé la butte, et à peine différent de ce qu'il était lorsqu'on y vendait les pourceaux engraissés dans ses fanges [1] ; plus triste rue encore : bâtie à moitié, et comment bâtie ! mal hantée, mal habitée, n'ayant dans ses masures de plâtre, dont quelques-unes subsistent toujours, qu'une misérable population qui ne l'a pas tout à fait quittée : vauriens, saltimbanques et filles perdues.

François Colletet, dans son *Tracas de Paris* [2], s'aventurant « en ce pays assez sauvage », comme il l'appelle, n'y trouve à décrire qu'une scène d'abominable désordre dont l'abject théâtre est un mauvais lieu. L'auteur d'un roman fort curieux de ce temps-là, et encore plus inconnu [3], ayant à parler de la rue de Gaillon, ancienne ruelle du voiturier Michault-Régnault, nous donne en deux mots une idée du joli peuple qui y fourmillait : c'est d'abord une de ces filles de basse espèce qu'on appelait des *narquoises ;* puis, avec

1. V. notre *Paris démoli*, 2e édit., p. 173.
2. *Paris ridicule*, *Paris burlesque*, le *Tracas de Paris*, publiés par le bibliophile Jacob, chez Delahays, 1860, in-8, p. 257.
3. L'*Orphelin infortuné*, 1660, in-8, p. 286.

elle, bon nombre « de joueurs de tours de gibecières, meneurs d'ours et autres fainéants ». Aux environs, le quartier s'assainissait un peu. Il devenait campagne, et bien qu'on fût dans l'enceinte des remparts que la crainte des ennemis avait fait élever ou rebâtir à la hâte, après la prise de Corbie, l'on se serait crû dans une assez riante banlieue. Les Petits-Champs étaient tout en verdure. Depuis la rue qui leur doit son nom jusqu'au rempart ; depuis le palais Mazarin, alors tout neuf, jusqu'aux longues murailles des jardins de l'hôtel de Vendôme, ce n'étaient que cultures et vergers.

Derrière ce grand hôtel dont la place du même nom occupe l'espace amoindri, se trouvait une espèce de grand champ de Mars où se tenait « le marché aux chevaux des samedis [1] ». Il enveloppait l'hôtel de Vendôme dans toute son étendue, et, faisant retour vers les Petits-Champs, il occupait la place où l'on bâtit plus tard les rues d'Antin et Louis-le-Grand. Toutes ces étendues verdoyantes, à quelques pas du logis de Corneille, devaient lui plaire pour ses rêveries quotidiennes. Il ne lui fallait pas même aller si loin pour trouver un agréable et frais promenoir. Lorsque quittant sa maison, il avait remonté la butte jusqu'au sentier des Orties, et que tournant à droite en se garant de la piqûre des ronces, il s'était engagé par un nouveau détour à gauche dans le chemin plus large qui est devenu la rue des Moulins, il trouvait devant lui un large monticule à sommet tronqué, dont les pentes gazonnées allaient par un doux mouvement de terrain se confondre avec les pelouses environnantes sous l'ombrage d'une triple allée : verdoyante parallèle de la rue ou plutôt de l'impasse Sainte-Anne.

Le large tertre que je viens de décrire coupait brusquement cette rue, dont en 1631 Anne d'Autriche avait été la marraine, et l'empêchait d'aller plus loin jusqu'aux Petits-

1. V. le *Plan* de Gombourt, 1652, planche VIII.

Champs. A l'endroit même où elle était ainsi arrêtée net, un beau moulin, ailes déployées, se dressait au sommet de la butte, tandis qu'un autre, son compère, faisait ses tournoyantes évolutions à deux pas de là, juste à l'endroit où peu de temps après fut percée la rue Ventadour. Corneille vint-il quelquefois rêver sur ces pentes ? c'est probable. Un des meuniers de l'endroit le prit-il en respectueuse amitié et se montra-t-il fier d'être le voisin du grand homme et d'avoir été son hôte ? pourquoi non. Enfin, Molière et lui, dans les temps qu'ils s'occupaient de la *Psyché*, leur œuvre commune, vinrent-ils s'inspirer de compagnie sous les ombrages du tertre aux deux moulins ? c'est possible encore, puisque *Psyché* a dû être composée par eux pendant l'été de 1670 et que la butte ne fut entamée par les démolisseurs qu'à la fin de cette année-là [1]. On ne m'en voudra donc pas d'avoir hasardé ces inoffensives hypothèses dans ma petite comédie, et de les y avoir animées de mon mieux.

La butte ne fut d'abord rasée qu'à moitié, depuis la rue Sainte-Anne, dont cet aplanissement dégagea l'extrémité, jusqu'à la rue des Moulins, à laquelle il ouvrit aussi une issue du côté des Petits-Champs. C'est un ami de Molière et de Corneille, et l'un de leurs collaborateurs dans cette féerie lyrique de *Psyché* dont je viens de parler, c'est Lully qui acheta la plus grande partie de l'espace aplani. D'une part, 108 toises sur les rues Sainte-Anne et des Petits-Champs, puis, d'une autre, 72 sur la rue des Moulins : tel fut son lot. Comme chaque toise était du prix de 210 livres, il dut verser 36,802 livres [2] ; grosse somme pour le temps ! Aussi

1. Les travaux d'aplanissement durèrent jusqu'en 1677. *Paris démoli*, p. 188. — C'est l'entrepreneur Villedo qui fut chargé de ce grand ouvrage. Il acquit une partie du terrain déblayé, et y fit percer une rue dont la plupart des maisons lui appartenaient. Elle porte encore aujourd'hui son nom. V. nos *Enigmes des rues de Paris*, p. 179-192.

2. *Id.*, p. 191.

le coffre du Florentin, tout bien garni qu'il fût, s'en trouva-t-il à sec. A peine avait-il, au mois de décembre 1670, fait poser les premières assises de la magnifique maison à larges fenêtres, hauts pilastres, chapiteaux, masques, etc., qu'il voulait pour lui-même, et qu'on voit encore avec l'enseigne lyrique qu'il y fit sculpter dans la pierre au-dessus de la principale fenêtre, que tout à coup l'argent lui manqua. Molière y pourvut : il était riche et, n'ayant pas le goût de ces dispendieuses bâtisses, pas plus que celui d'aucune autre prodigalité, il avait toujours quelque argent au service de ses amis. Il prêta donc 11,000 livres à Lully par acte passé devant Gigault, son notaire, le 14 décembre 1670, dont nous avons vu la minute [1].

Cette maison du coin des rues Sainte-Anne et des Petits-Champs, que son bel aspect et le souvenir de Lully [2] rendaient déjà suffisamment recommandable, le devient bien davantage à présent que l'on sait qu'il y a de l'argent de Molière dans ses fondations.

Le quartier perdit de son caractère et de son charme par l'aplanissement de la butte. Corneille n'y resta pas moins. Il y avait ses habitudes : du silence et des amis. Molière ne logeait-il pas tout près ?

Après avoir quitté, au mois de juillet 1672 [3], après la mort de la Béjart, la maison qu'il avait longtemps habitée rue Saint-Thomas-du-Louvre, n'était-il pas venu s'établir dans une autre partie du voisinage de Corneille ? Rue Richelieu, en face de la rue Villedo [4], au bas même de l'un des

1. Elle existe dans l'étude de M. Schœlcher, successeur de Gigault, rue Le Peletier.

2. V. sur cette maison, *Paris démoli*, p. 191.

3. Le bail passé entre Molière et son propriétaire de la rue Richelieu est du 26 juillet 1672, huit mois seulement avant sa mort.

4. Nous avons acquis la certitude que la maison où mourut Molière n'est pas celle que l'on suppose et qu'à cet effet l'on a décorée d'une inscription, mais bien à cinquante pas de là, celle qui porte le nº 42 et fait face à

versants de la butte découronnée, il était plus que jamais son voisin.

Une autre personne, d'un tout autre caractère, dont Corneille recherchait volontiers l'entretien, le savant Huet, demeurait aussi tout prêt [1]. Enfin, ce qu'importait surtout à l'excellent homme, son frère Thomas avait pris logis à quelques pas du sien : il demeurait rue du Clos-Georgeot [2].

En deux enjambées, ils étaient l'un chez l'autre. C'était bien ; mais à Rouen, que c'était mieux encore ! Ils logeaient en deux maisons mitoyennes, l'une petite, l'autre

la maison neuve, située à l'angle des rues Villedo et Richelieu, à droite. L'inventaire dressé après le décès de Molière et retrouvé par l'infatigable M. Eudore Soulié, du Musée de Versailles, a fait connaître le nom du propriétaire de cette maison. Il s'appelait Bandellet et était tailleur de la reine. Or, sur un plan manuscrit en ma possession qui donne les noms des propriétaires de la rue Richelieu à cette époque, maison par maison, celle de Bandellet est indiquée à l'endroit que j'ai dit tout à l'heure, en face de la rue Villedo. Cela concorde d'ailleurs à merveille avec ce qu'on lit dans une lettre écrite par un témoin oculaire le jour même de l'enterrement de Molière. Il y est dit que le corps « fut pris rue Richelieu, devant l'hôtel de Crussol. » Où était cet hôtel ? juste à la place de la maison que j'ai indiquée comme faisant face à celle de Molière. La lettre que je viens de citer, publiée d'abord par M. B. Fillon dans ses *Considérations historiques et artistiques sur les monnaies de France*, a été reproduite par nous dans une chronique de la *Patrie*, 18 nov. 1860.

1. Au mois de juillet 1671, il demeurait dans la partie de la rue Neuve-des-Petits-Champs, qu'on avait prolongée, après l'aplanissement de la butte, jusqu'aux murs de l'hôtel de Vendôme. Une lettre que lui écrivit le savant Touroude, sous la date du 20 juillet 1671, donne ainsi son adresse : « *Monsieur Huet, sous-précepteur de monseigneur le Dauphin, chez Monsieur Gautier, maître charpentier, rue Neuve-des-Petits-Champs, vis-à-vis du marché aux Chevaux.* » Fossé-Darcosse, *Mélanges curieux et anecdotiques*, p. 424.

2. Taschereau, p. 360-361. — Sully, avant d'aller habiter sa maison neuve de la rue Sainte-Anne, demeurait, à la fin de 1670, rue *Traversine*, aujourd'hui rue Fontaine-Molière. La maison de Mignard avait une porte sur la même rue, presque en face de la rue Clos-Georgeot. Sa principale entrée était rue Richelieu.

grande, dont, à force de trouées fraternelles, ils avaient fini par ne plus faire qu'un seul gîte, un seul nid pour la double famille.

Pierre travaillait en haut, Thomas rimait en bas ; et, à l'aide d'une trappe toujours ouverte, il y avait entre eux une infatigable navette de communications et de consultations, de rimes demandées, de rimes répondues [1].

Tout semblait s'être prêté aux combinaisons de cette vie en commun, de cette fraternité de chaque instant et de chaque pensée. Tout l'avait servie, rien n'y avait nui.

Écoutons à ce sujet l'académicien de Boze en son *Éloge de Thomas :*

« Les deux Corneille ont épousé les deux demoiselles de Lampérière. Il y avait entre les deux frères le même intervalle d'âge qu'entre les sœurs ; ils ont eu un même nombre d'enfants ; ce n'était qu'une même maison, qu'un même domestique ; ils ont parcouru la même carrière. Enfin, après plus de vingt-cinq ans de mariage, les deux frères n'avaient pas encore songé à faire le partage des biens de leurs femmes, situés en Normandie. Il ne fut fait qu'à la mort de Pierre. »

Nous y touchons, à cette mort du grand homme. Il s'éteignit le 1er octobre 1684, un dimanche, au dernier tintement des cloches de l'église, dont à ses derniers jours il préférait de beaucoup le voisinage à celui du théâtre. Il ne savait plus que prier, et s'étonnait d'avoir su autre chose [2].

1. Voisenon, *Œuvres*, 1781, in-8, t. IV, p. 377.

2. « L'usage des sacrements, auquel on l'a toujours vu porté, dit Thomas Corneille, lui faisoit mener une vie très-régulière, et son plus grand soin étoit d'édifier sa famille par de bons exemples. Il récitoit tous les jours le bréviaire romain, ce qu'il a fait sans discontinuer pendant les trente dernières années de sa vie. » *Dict. univ. géog. et histor.*, p. 301. — Il avait fait pour un tableau de Saint-Roch, où il passait une partie de ses journées, un quatrain longtemps *inédit*, que nous avons reproduit des premiers dans notre *Paris démoli*, 2e édit., p. 183, note. On sait que c'est

La pauvreté s'était encore accrue autour de lui, mais la piété venant en aide, cette misère n'avait jamais été au-dessus de son courage. La pension que nous lui avons vu redemander à Colbert en 1678 lui avait-elle été rendue, et lui était-elle toujours servie? ou bien à la mort du grand ministre l'avait-on encore supprimée? on ne sait[1]. Toujours est-il que la misère était profonde dans le logis de la rue d'Argenteuil à la fin de l'été 1684. Boileau l'apprit, courut chez le roi, obtint deux cents louis et les envoya en hâte au vieux poëte agonisant[2]. Ils n'arrivèrent que pour payer une tombe qu'on ne lui éleva pas!

à Saint-Roch qu'il fut enterré. mais sans mausolée, sans épitaphe. L'inscription, sur marbre blanc, placée sur le pilier des orgues, à gauche, ne date que de 1821; elle est due à Louis-Philippe, alors duc d'Orléans.

1. Le P. Tournemine soutient qu'elle ne lui avait pas même été enlevée. *Défense du grand Corneille*, en tête des *Œuvres diverses*, p. xxxiij. La lettre citée plus haut, p. xlvij, ne prouve que trop le contraire.

2. Boursault, *Lettres*, t. II, p. 149.

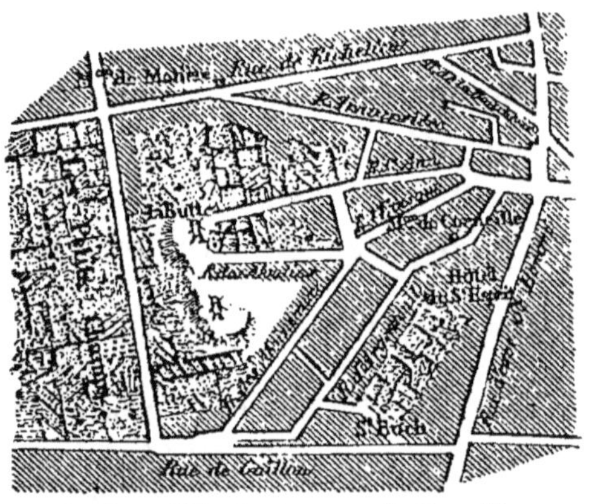

La Butte St Roch, du temps de Corneille

CORNEILLE

A LA BUTTE SAINT-ROCH

COMÉDIE EN UN ACTE, EN VERS

Représentée au Théâtre-Français le vendredi 6 juin 1862

(256e anniversaire de la naissance de Pierre Corneille)

PERSONNAGES .		*ACTEURS :*
PIERRE, fils de Corneille.	MM.	WORMS.
CAUCHOIS, marchand drapier.		BARRÉ.
MERLIN, meunier à la butte Saint-Roch . .		MAUBANT.
Le Marquis DE L'ESCADRILLE		COQUELIN.
Mme CORNEILLE	Mmes	NATHALIE.
MARIE CAUCHOIS		PONSIN.
UN LAQUAIS	M.	MASQUILLIER.

La scène est à Paris, dans la boutique du drapier Cauchois,
à la butte Saint-Roch, près du logis de Corneille,
rue d'Argenteuil.

CORNEILLE

A LA BUTTE SAINT-ROCH.

SCÈNE I.

PIERRE, MARIE.

MARIE.

Un, deux, trois...

PIERRE.

Quel calcul faites-vous sur vos doigts,
Marie ?

MARIE.

Un sérieux...

PIERRE.

Vrai ?

MARIE.

Je compte les mois
Qui sont passés depuis qu'au retour de l'armée
Un certain monsieur Pierre...

PIERRE.

Ah !

MARIE.

M'a connue...

PIERRE.

Aimée...

MARIE.

Oui...

PIERRE.

Ravi de vous voir, heureux de vous chercher
Et...

MARIE.

Ce n'est pas cela qu'on veut lui reprocher ;
C'est...

PIERRE.

Quoi donc ?

MARIE.

De n'avoir pas encor su m'instruire
De son nom tout entier...

PIERRE.

J'avais tant à vous dire !
Tant et tant !

MARIE.

Tout est dit...

PIERRE.

Alors, sans se lasser,
On double son bonheur à le recommencer.
Le reste n'étant rien, on fait bien de le taire.
D'ailleurs, ne faut-il pas à l'amour un mystère,
Pour le moins ; un secret, qui craint d'être éclairci ?
Eh bien ! faute de mieux, conservons celui-ci.
Notre accord n'est-il pas complet et sympathique ?
Cet humble petit coin, au fond d'une boutique,
N'est-il pas devenu, pour nous, tout l'univers ?
Nous nous aimons de cœur et d'esprit. Les beaux vers
Vous charment, comme moi...

MARIE.

C'est vrai ; même, il me semble
Que nous les aimons mieux, en les aimant ensemble.

PIERRE.

Cher ange !... Êtes-vous seule, on arrive, sans bruit ;
Et quand vient le péril, — votre père ! — on s'enfuit...

MARIE.

Mais on a cependant fait sa moisson d'abeille
Dans les actes choisis du vieil ami Corneille...

PIERRE.

Et de Molière aussi, car chacun a son tour.

On s'attarde surtout dans les scènes d'amour,
Et l'on trouve parfois que, chez l'un et chez l'autre,
Ces amours sont bien froids...

MARIE.

Ah !

PIERRE.

Comparés au nôtre.
Voilà notre bonheur ; craignons d'y rien changer.
Qui sait ? un mot, un seul pourrait tout déranger !

MARIE.

Il faudra cependant vous faire enfin connaître :
Car vous avez un nom, Monsieur ?

PIERRE (à part).

Trop beau, peut-être !

MARIE.

J'admire fort, sans doute, avec leurs sentiments,
Les héros inconnus : oui, mais dans les romans.
N'avez-vous rien ? Allez, Monsieur Pierre, il n'importe.
L'argent n'a pas besoin de vous servir d'escorte,
Oh non ! que nos deux cœurs soient garants et témoins :
Je sens que je ne puis, pauvre, vous aimer moins,
Ni plus, si vous aviez tous les trésors du monde.

PIERRE.

Vrai ?

MARIE.

Mais mon père est là, qui veut qu'on lui réponde
Catégoriquement, tout de suite, ou sinon
Rien ! « Quels sont vos parents ? dira-t-il, çà ! leur nom ? »

PIERRE.

Si c'est là mon seul bien ?...

MARIE (jouant l'inquiétude).

Alors...

PIERRE (vivement).

Alors ?...

MARIE (plus gaie).

J'espère !
L'ami Merlin, d'ailleurs, nous soutiendra. Mon père
Est bon ; deux mots câlins obtiennent tout de lui ;
Quand je veux, ses refus finissent par un : Oui !
Si, par hasard, pourtant, Monseigneur était prince,
Et que, comme Orondate, il vînt de sa province
Pour demander ma main, mystérieusement :
Mon pauvre père alors deviendrait fou, vraiment,
Car il aime la gloire !

PIERRE.

Oui, la gloire à panache,

En beaux habits .. Croit-il à celle qui se cache,
Modeste et pauvre ? Non.

MARIE (vivement).

C'est lui !

PIERRE.

Je pars...

MARIE.

Bientôt
Revenez en finir avec l'incognito.

(Il sort.)

SCÈNE II.

MARIE; puis CAUCHOIS, LE MARQUIS.

MARIE.

Mon père m'avait dit qu'il sortait pour affaire ;
Qui l'a retenu ?

LE MARQUIS (du dehors).

Bien !

MARIE (qui a entendu).

Ah! quelqu'un qui diffère
De l'ami qui s'éloigne, hélas! C'est ce marquis,
Ce fat au faux blason dans les brelans acquis,
Dont l'amour me déplaît si fort, et...

LE MARQUIS (entrant avec Cauchois).

Je veux, dis-ie,
Un habit... un habit à donner le vertige!...
Un habit...

CAUCHOIS (avec impatience).

J'entends bien...

LE MARQUIS.

Comme on n'en voit pas un!
Dont puissent enrager Grammont, Guiche et Lauzun.

CAUCHOIS (entre ses dents).

J'en enrage déjà, moi!...

LE MARQUIS (continuant).

Faisant catastrophe
Dans la mode...

CAUCHOIS.

Très-bien! mais où trouver l'étoffe?

LE MARQUIS.

Chez vous. Je vais chercher ici ce qu'il me faut.
(A part.)
La petite est là.

CAUCHOIS.

Mais...

LE MARQUIS.

Un habit sans défaut
Doit, sachez-le...

CAUCHOIS.

Quel homme !

LE MARQUIS (continuant).

Être velours et soie,
Avec passements d'or, dentelle, petite oie,
Plus...

CAUCHOIS.

Encor !...

LE MARQUIS.

Le manteau, non pas de bouracan,
Ni de peluche.. ah ! fi ! c'est le fait d'un croquant ;
Mais ...

MARIE (qui lit une des brochures étalées sur la table).

« Baron Jodelet, marquis de Mascarille !... »

LE MARQUIS (qui a entendu).

Hein? comment?

CAUCHOIS.

Ce n'est rien, Monseigneur; c'est ma fille
Qui s'amuse en lisant. Les livres sont ses jeux.

LE MARQUIS (prenant la brochure).

Elle relit Molière?

MARIE.

Oui, l'auteur des Fâcheux.

LE MARQUIS.

Piètre ouvrage!

CAUCHOIS.

Pas tant!... Ah! grand Dieu! l'heure sonne,
Merlin m'attend...
(A sa fille.)
Tu sais : avec lui, plus personne
Si l'on est en retard...
(Au Marquis.)
Pardon!

LE MARQUIS.

C'est entendu.

CAUCHOIS.

Ma fille, à ma place...

LE MARQUIS.

Oui!... Sur ce qui vous est dû
J'allais vous dire un mot...

CAUCHOIS (prêt à sortir).

Vraiment?

LE MARQUIS.

Je n'ai pas honte
De mes dettes! J'avais même, pour un à-compte,
Pris cent louis qu'hier je gagnai chez Fredoc.

(Il met la main à sa poche.)

CAUCHOIS (empressé).

Ah!

LE MARQUIS (tirant sa tabatière).

Mais on vous attend, l'heure sonne à Saint-Roch...
Je ne vous retiens pas...

MARIE (lisant toujours).

« Don Juan! Monsieur Dimanche! »

CAUCHOIS (au Marquis).

Mais...

LE MARQUIS.

Allez!...

MARIE (à part).

Pauvre père! Il aura sa revanche.

CAUCHOIS.

Je pourrais...

LE MARQUIS.

Non, je sais que le temps a son prix;
Ce serait vous voler...

CAUCHOIS.

Quoi!

LE MARQUIS.

Suis-je un malappris
Qui se cramponne aux gens, comme à l'orme le lierre?
Non, non! Je ne suis pas des Fâcheux *de Molière,*
Si tenaces que rien ne peut délivrer d'eux.
Allez!

CAUCHOIS (à part).

Il raille... mais j'en suis quitte.

(Il sort.)

SCÈNE III

MARIE, LE MARQUIS.

MARIE (à part).

A nous deux !

(Haut.)

Monseigneur demande ?

LE MARQUIS.

Ah ! tu le sais bien, chère âme !
Tu sais bien que je brûle...

MARIE.

Oui ! « d'une ardente flamme ! »
Soupirs, serment, tourment ! Nous connaissons cela ;
Mais, je vous en préviens, chez nous, ces choses-là
Ne se prennent qu'au choix, et ne sont pas de vente.
Ne pouvant vous servir, je suis votre servante.

LE MARQUIS.

Cruelle ! si du moins tu m'appelais... trompeur !...
Tu fuis !

MARIE.

Non, vous croiriez que vous me faites peur.

LE MARQUIS.

Quand tous mes sens, pour toi, de passion sont ivres,
Tu peux...

MARIE.

Tranquillement, je retourne à mes livres;
Des chansons de l'esprit je reprends le couplet :
Là, tout amour est beau, nul amant ne déplaît;
On est ravi; le cœur, en s'oubliant, s'élève,
Et quand on a fini, l'on croit sortir d'un rêve.

LE MARQUIS.

Tu trouves cela beau, Molière?

MARIE.

Il est profond!
Sa gaieté pense et pleure.

LE MARQUIS.

Ah bah! c'est un bouffon!

MARIE.

Un bouffon? Très-souvent c'est ce que j'entends dire;
Pourtant, je suis plus triste après qu'il m'a fait rire.

LE MARQUIS (prenant un livre).

Corneille!

(Avec dédain.)

Ah! — Lis plutôt les pièces de Boyer,
Mon ami. Dès le titre, il sait vous effrayer :
Méduse, Aristodème, Oropaste, Artaxerce!
Je te ferai voir ça... Parthes, Pont, Grèce et Perse,
Cappadoce! il a tout!

(Avec mépris.)

Corneille! ah!...

MARIE.

Noble et grand,
Vrai! rien qu'à l'approcher, le vertige vous prend.

LE MARQUIS.

Préjugé!

MARIE.

Son génie, à l'aile immense et forte,
Dans les sphères qu'il aime avec lui vous emporte
— A la suite des rois que son bras sait courber —
Si haut, qu'en le suivant on a peur de tomber!

LE MARQUIS.

Sublime, et pas un sou!... Détail invariable :
Le grand homme est toujours doublé d'un pauvre diable!

MARIE.

Qu'importe! Argent, faveurs sont de mauvais témoins
Pour la gloire. Plus riche, on l'admirerait moins.

Si, dans cette misère, un faible se consume,
Et de son cœur éteint n'a plus que l'amertume,
Il sait, lui, rester bon comme la vérité;
Il marche lumineux dans son obscurité;
L'éclat de ce qu'il fait le guide et le protége;
Il n'a que des héros pour se faire un cortége,
Et je n'en sais pas un qui puisse valoir mieux.
Celui même du roi n'est pas si glorieux.

LE MARQUIS.

Peste! comme aujourd'hui s'expriment les drapières!
Leur Phœbus, *palsembleu! taillerait des croupières*
Aux esprits de ce temps qui sont les plus jolis!
Où te procures-tu ce beau style?

MARIE (modestement).

Je lis.

LE MARQUIS.

Allons, la draperie a désormais sa muse!
Mais ton Corneille, vrai! me ravit...
(Riant.)
et m'amuse.
Je l'admire, d'abord, sur tes grands mots planté;
Puis je le vois, contraste ironique, effronté!
Dans la rue, un matin, ayant pour adversaire,
Dans un débat burlesque...

MARIE.

Eh! qui?

LE MARQUIS.

Le commissaire!
Il loge près d'ici, ton grand homme, au détour
De la rue, eh! comment?

MARIE.

D'Argenteuil.

LE MARQUIS.

Certain jour,
Comme j'allais chez lui...

MARIE.

Quoi! vous, chez le poëte!
Vous!

LE MARQUIS (à part).

Diable! cachons-lui que c'est pour une dette!
J'aurais l'air d'un recors.

(Haut.)

Par curiosité.

MARIE (d'un air incrédule).

Vraiment?

LE MARQUIS.

Je vois du peuple à la porte arrêté :

Commères, savetiers et gens de la police,
Criant, se démenant, pérorant. Je me glisse,
Et soudain m'apparaît superbe, radieux,
Le commissaire en robe ; auprès, baissant les yeux,
Confus, mais s'insurgeant contre la réprimande,
Ton Corneille, qui craint qu'on le mette à l'amende
Pour cinq ou six fétus qui salissent le seuil.
Le génie a-t-il eu jamais pareil écueil !
J'ai bien ri de le voir livrant ainsi bataille,
Non plus pour des héros, mais pour des brins de paille !
Eh bien, tu ne ris pas ? C'est pourtant amusant !

SCÈNE IV

LES MÊMES; PIERRE (qui est entré à la fin du récit du Marquis).

PIERRE.

Non, monsieur !

LE MARQUIS.

Quoi ?

PIERRE.

C'est vous que l'on trouve plaisant,
Quoique vous contiez mal...

LE MARQUIS.

Mal?

PIERRE.

Très-mal!

LE MARQUIS.

Je radote...
Par exemple!

PIERRE.

Écoutez le vrai de l'anecdote...

LE MARQUIS (à part).

D'où sort-il, celui-là?

MARIE (à part).

Quel est donc son projet?

PIERRE.

C'était l'été dernier, pendant qu'on assiégeait
La ville de Douai. L'un des fils du poëte,
Bon diable, à ce qu'on dit, mais plus mauvaise tête...

LE MARQUIS.

Ah! vous le connaissez?

PIERRE.

Un peu, vous allez voir...
Servait, comme cadet, dans l'armée. Un beau soir,
L'ennemi, s'ennuyant dans la place investie,
Fit, sans nous prévenir, une brusque sortie
Qui valut au cadet une blessure au pied.

MARIE.

Il est mort ?...

PIERRE.

Non... il n'est pas même estropié.
Il boita quelques jours, ce fut tout. Fort en peine,
Sa pauvre mère alors écrit pour qu'il revienne.
Il obtient son congé du maréchal, et part.
Il arrive à Paris, comment ? sur un brancard.
Triste équipage ! mais pas de riche litière
Pour le fils du poëte : il n'eut que la civière
Que deux hommes portaient, et, sur l'humble grabat,
Cette paille, qui fut la cause du débat.
Du sang de la blessure encor toute tachée,
Sur le seuil de la porte, elle était en jonchée...

MARIE.

Et ?

PIERRE.

Le reste est connu.

(Au Marquis.)

Pour ceci, maintenant,

Vous n'aurez plus, j'espère, un rire impertinent,
Monsieur...

LE MARQUIS.

Mais...

PIERRE.

Apprenez d'ailleurs que l'on ne nomme
L'auteur du Cid *qu'avec respect...*

MARIE.

C'est un grand homme !

PIERRE.

Plus encore, un vieillard ! Sachez qu'en sa maison,
Où par le seul mérite on s'est fait un blason,
La carrière d'honneur est largement fournie :
Les fils donnent leur sang, le père son génie.

LE MARQUIS.

Soit ! Mais enfin, Monsieur, saurai-je, s'il vous plaît,
De quel droit...

PIERRE.

J'ai refait ce récit incomplet ?

LE MARQUIS.

Oui, Monsieur, justement ; et de quel droit encore...

PIERRE.

Je ne puis tolérer qu'un sot, une pécore,
Un fat...

LE MARQUIS.

Hé !

PIERRE.

Parle mal d'un homme respecté ?
Ma raison est, Monsieur, fort simple, en vérité :
C'est moi qui suis le fils de Corneille.

MARIE.

Ah !

PIERRE.

Moi-même.

MARIE (à demi-voix).

Vous en faisiez mystère à celle qui vous aime...
C'est mal !

LE MARQUIS (qui a entendu).

On s'adorait, c'est bon.

PIERRE.

Vous dites ?

LE MARQUIS.

Rien !
Je m'en vais, je m'en vais : c'est tout.

PIERRE.

J'y compte bien.

LE MARQUIS (à part).

Papa Cauchois, sans doute, ignore ceci. Comme,
Bouffi d'orgueil, gonflé d'argent, il n'est pas homme
A prendre un tel cadet, surtout s'il peut savoir
(Il tire un papier de sa poche.)
Certain détail, il faut...

PIERRE (lui frappant sur l'épaule).

Adieu !

LE MARQUIS (s'éloignant. — A part).

Non... au revoir !

(Il sort.)

SCÈNE V.

PIERRE, MARIE.

MARIE (avec le ton du reproche).

M'avoir laissé songer à je ne sais quel conte ;
M'avoir dissimulé, comme on cache une honte,
Ce bonheur !... tel qu'un rêve à peine le promet :
Ah ! qu'on vous haïrait, si l'on ne vous aimait !

N'importe ! Indifférent, contre vous je proteste,
Oui...

PIERRE.

J'aurais trop d'orgueil, si je n'étais modeste :
La gloire d'un grand nom est si lourde à porter !
Tenez, rien qu'à le dire, on semble s'en vanter !
Je suis bien fier du mien ; pourtant je me résigne
Souvent à le cacher, par peur d'en être indigne.
Et je ne suis pas seul à raisonner ainsi :
Le frère de mon père eut ces craintes aussi.
Il s'est fait appeler partout Monsieur de l'Isle ;
Mais a-t-il pu tromper un seul instant la ville,
Et de ce nom nouveau recueille-t-il le fruit ?
Celui qu'il voudrait fuir le couvre de son bruit ;
Sur ses pas, en tous lieux, un écho se réveille
Qui, lui jetant ces mots : Pierre et Thomas Corneille,
Lui fait trop bien sentir combien est accablant
Le poids dont le génie écrase le talent !
Je n'ai pas, quant à moi, cherché la poésie,
Et n'allez pas penser que c'est apostasie ;
Non, j'ai craint d'insulter au culte paternel
En sacrifiant mal sur son illustre autel.
Une fois, cependant, je me suis cru poëte ;
La Muse a commencé son refrain dans ma tête ;
Et j'ai failli répondre au prélude vainqueur :
C'est que l'amour venait de m'envahir le cœur...

MARIE.

L'amour ?...

PIERRE.

Pour vous, Marie... Ah ! le joli poëme !
Incomparable, il tient en trois mots : Je vous aime !
Mais il les dira tant, qu'on le croira bavard.
Vous auriez demandé plus d'éloquence et d'art,
Vous aimez tant les vers !

MARIE.

Oui.

PIERRE.

Cette chère étude
De vos loisirs, longtemps fit mon inquiétude...

MARIE.

Comment ?

PIERRE.

Et si j'ai craint, tenez, de me nommer,
C'est que je désirais d'abord me voir aimer...

MARIE.

Pour vous seul ?

PIERRE.

Oui. « Mon nom l'éblouira, disais-je ;
Ce sera pour son cœur comme l'appât d'un piége,
Et vers lui s'en ira son adoration.
Son amour ne sera qu'une admiration. »

Aussi, comme on en voit que leur richesse effraie,
S'ils veulent s'assurer d'une affection vraie,
Moi, cherchant votre amour tout désintéressé,
J'ai caché le seul bien qui me sera laissé.

MARIE.

Et maintenant, Monsieur a-t-il encore un doute?
Ma pensée est à lui; mais sait-il qu'il l'a toute?
Croit-il, autant que moi, combien il est aimé?

PIERRE.

Si je ne croyais pas, me serais-je nommé?

MARIE.

Quel bonheur! Vite, il faut, Monsieur, qu'on me présente.
Mais, d'abord, pensez-vous que chez vous on consente?...

SCÈNE VI.

LES MÊMES, Mme CORNEILLE.

Mme CORNEILLE (qui a entendu le dernier vers).

Oui, mon enfant...

PIERRE (la présentant à Marie).

Ma mère.

MARIE.

Ah!

Mme CORNEILLE.

Vous me connaissez,

N'est-ce pas?

MARIE.

Oui, Madame, oui.

Mme CORNEILLE.

L'on m'a vue assez

Sur vos traces partout. Je vous ai tant suivie,
Cherchant si vous sauriez vivre de notre vie,

Pauvre par habitude, heureuse par accès,
Simple toujours...

MARIE.

Comme est la nôtre.

Mme CORNEILLE.

Je le sais,
Je le sais. Vous devez être de la famille,
La femme de mon fils, enfant, sera ma fille :
Aussi, ne dois-je pas lui farder l'avenir,
Non ; la réalité viendrait trop l'en punir.
Les vers, métier de roi, ne sont pas un royaume ;
Que d'amères douleurs...

MARIE.

Dont la gloire est le baume !

Mme CORNEILLE.

La gloire ! Je le vois, vous la connaissez mal.
Souvent ce qu'elle apporte est moins doux que fatal.
J'ai dû, moi, croyez-en des épreuves trop sûres,
Moins chanter ses succès que guérir ses blessures :
Aussi, quand on la voit s'approcher d'un foyer...

MARIE.

Il faut lui faire accueil...

Mme CORNEILLE.

Sans doute... et s'effrayer !

MARIE.

Celle des armes, soit... Mais celle du théâtre ?..

Mme CORNEILLE.

Enfant ! où je suis mère, elle est souvent marâtre.
Le calme, que j'apprête, est par elle détruit,
Et, si je la connais, ce n'est que par son bruit.
Angoisses et tourments renouvelés sans trêve,
Mille sursauts d'espoir, en plein jour comme en rêve :
La voilà ! Tout meurtri par ce flux et reflux,
Le père de mes fils n'est qu'un enfant de plus ;
Craintif...

PIERRE.

Oui, ses héros lui prennent sa vaillance !

Mme CORNEILLE.

Il nous faut soutenir ce cœur en défaillance,
Et l'on est tout surpris d'avoir à consoler
Et de voir si tremblant celui qui fait trembler...
Dès le matin la lutte, et la nuit l'insomnie.

MARIE.

Mais le génie est là qui veille !

Mme CORNEILLE.

Le génie !

PIERRE.

Ce que Molière, un jour, appelait le Lutin.

Mme CORNEILLE.

Il nous fait payer cher son retour incertain !
Vient-il ? L'homme s'efface et fuit. Rien ne l'occupe
Dès lors ; il est absent sur terre... et souvent dupe.

MARIE.

Dupe !

Mme CORNEILLE.

Ceux qui sont trop ce qu'il faudrait qu'il fût
Un peu, les gens adroits se tiennent à l'affût,
Attendant qu'un hasard le livre sans défense...
Hélas ! autant vaudrait se jouer de l'enfance !

MARIE.

Existe-t-il vraiment de tels gens ?

Mme CORNEILLE.

Écoutez :
Vous verrez quel usage ils font de ses bontés.
Le plus audacieux de la bande hardie,
Fripon qui vit du vol ou de ce qu'il mendie,

Le surprit l'autre jour dans le feu du travail.
Il trouvait, maître loup, sa victime au bercail.
Moi présente, il aurait pu manquer la partie,
Mais le matois avait épié ma sortie.
Il nous connaît un peu. — « Je suis traqué, dit-il ;
« J'ai longtemps échappé, mais ils tiennent le fil,
« On me prend, si je n'ai ce soir trente pistoles ! —
« Donnez-les-moi... »

PIERRE.

Que dit mon père ?

Mme CORNEILLE.

Ces paroles :
« Je n'ai rien ! » C'était vrai.

MARIE.

L'autre fut interdit ?...

Mme CORNEILLE.

Non, car il riposta : « Vous avez du crédit ;
« Cela peut me suffire. Il n'est pas, par exemple,
« Un seul gros financier, dans le Marais du Temple,
« Qui ne soit tout à vous, en un besoin urgent ;
« N'est-ce pas un honneur pour lui ? J'aurai l'argent
« Chez Montauron, Hervart, Cornuel, ou tout autre,
« S'il voit sur ce billet un nom fameux : le vôtre ! »
Et, comme il n'avait rien omis pour son projet,

Il lui tend un écrit tout prêt, qui l'engageait
Comme s'il eût reçu la somme demandée.

PIERRE.

Et mon père ?

Mme CORNEILLE.

A signé.

PIERRE.

Quoi !

Mme CORNEILLE.

La tête obsédée,
Las d'avoir tenu bon aussi longtemps qu'il put,
Heureux de ressaisir son vers interrompu,
Sentant bien qu'il n'est pas fait pour pareille escrime,
Il cède... l'autre part... et lui reprend sa rime.

PIERRE.

Je le retrouverai, morbleu ! ce garnement !
Il rendra le billet...

Mme CORNEILLE (se levant).

S'il ne l'a plus ?

MARIE.

Comment ?

Mme CORNEILLE.

A peine est-il dehors, qu'un drôle de sa force,

Marquis du lansquenet, le rencontre et l'amorce
Pour faire une partie au prochain cabaret.
Les enjeux sont jetés près d'un pot de clairet;
On boit, on rit, on perd. Pour dernière ressource,
Mon drôle, qui bientôt vit le fond de sa bourse,
Met le billet sur table...

PIERRE.

Et l'autre l'a gagné?

MARIE.

Je vois que nul chagrin ne vous est épargné!...

PIERRE.

Et j'ignorais cela!...

Mme CORNEILLE.

Je l'ignorais de même,
Quand tout à l'heure un homme...

PIERRE.

Un recors?

Mme CORNEILLE.

Au teint blême...

PIERRE.

Ah! si j'eusse été là!...

Mme CORNEILLE.

Ton père...

PIERRE.

Qu'a-t-il dit?

Mme CORNEILLE.

Il est resté pensif d'abord; puis a maudit
L'incorrigible tort qu'il a, naïf poëte,
De trouver tout parfait parce qu'il est honnête;
Ensuite sont venus les fureurs, les mépris
Contre le monde entier, surtout contre Paris,
Où le mérite à jeun va, se tourmente, s'use
A glaner dans le champ que moissonne la ruse;
Où, lui, venant chercher la gloire de plus près,
Souvent il n'a trouvé qu'une ombre et des regrets;
Où le besoin, enfin, despote sans relâche,
Qui met depuis dix ans son génie à la tâche,
Le violente, et, quoiqu'il n'ait jamais failli,
Quand il n'est que lassé, fait dire : Il a vieilli!
— Notre vie, à Rouen, mon fils, était plus douce...

PIERRE.

Peu de soirs glorieux!

Mme CORNEILLE.

Mais des jours sans secousse.

PIERRE.

Pas d'éclatants succès !

Mme CORNEILLE.

Mais calme, régulier,
Le bonheur — sans jaloux — de se faire oublier.

PIERRE.

Pas de foule, parfois, sur ses pas accourue !

Mme CORNEILLE.

Mais pas de bruit non plus chez lui, ni dans la rue,
Hors celui des enfants, qui jouaient sur le seuil,
Et qui rendaient au cœur ce que perdait l'orgueil.
Il travaillait dès l'aube, et chaque matinée,
L'instant des frais pensers aux vers était donnée.
Puis, neuf heures sonnant, comme il savait trop bien
Qu'ailleurs était pour nous le pain quotidien,
Il allait, sans se plaindre, à la maison commune,
Où l'emploi qu'il avait doublait notre fortune.

PIERRE.

L'oncle Thomas, le soir, venait nous visiter.

Mme CORNEILLE.

Ils discutaient entre eux des sujets à traiter,
Et fraternellement ils échangeaient des rimes...

PIERRE.

Ou, pour leurs scélérats, ils se prêtaient des crimes.

MARIE.

Ainsi vous avez vu naître Horace et Cinna,
Pauline, devant vous, sous la croix s'inclina;
Vous avez, avant tout, vu l'illustre Romaine
Cornélie, et connu les plaintes de Chimène.
Quelle gloire!

Mme CORNEILLE.

Avec eux ont grandi mes enfants,
Et contre leur succès en vain je me défends,
J'y pleure...

PIERRE.

Bonne mère!

Mme CORNEILLE.

Oui, vois-tu, j'y crois suivre
Tous nos beaux jours passés; notre âme y semble vivre!

PIERRE.

Il nous lisait la pièce, et n'en disait plus rien.

Mme CORNEILLE.

Sous ce silence encor mon cœur sentait le sien.

PIERRE.

Il l'avait envoyée à la troupe royale
De l'hôtel de Bourgogne...

Mme CORNEILLE.

Ah! que sa main loyale
Tremblait en la livrant seule au lointain péril!
Séparé de son œuvre, il semblait en exil.
Que de lettres là-bas, d'inquiète tendresse,
Dont chaque mot encor portait une caresse!
C'étaient les doux conseils, l'infatigable soin,
L'attente sans repos du père, qui de loin
Suit et guide du cœur le destin de sa fille.

PIERRE.

Tout à coup, un beau jour, au dîner de famille,
Se donnant, de son mieux, des airs bien aguerris,
Il nous disait : « Ce soir, on me joue à Paris! »

Mme CORNEILLE.

Au front était l'espoir, au cœur était le doute.
Au moment du triomphe, il voyait la déroute,
Et l'on feignait alors de craindre comme lui,
Pour lui préparer mieux le plaisir, par l'ennui.

PIERRE.

Enfin, cahin-caha, gagnant de proche en proche,
Le succès arrivait, en dix jours, par le coche.

Mme CORNEILLE.

Et quelle ivresse alors! quel bonheur au logis!

PIERRE.

Quelle fête en nos cœurs par la joie élargis!

Mme CORNEILLE.

Quand l'ouvrage applaudi courait par le royaume,
On le donnait à Rouen, dans quelque jeu de paume.
Molière ainsi, lui-même, y joua le Menteur.

MARIE.

Et vous étiez là, tous...

PIERRE.

On acclamait l'auteur!

Mme CORNEILLE.

Je me carrais auprès, en robe du dimanche;
Les pecques du quartier me donnaient ma revanche,
Car je remarquai bien, regardant de côté,
Comme elles enrageaient de le voir si fêté.
Dam! les pièces qu'on fait ne valent pas les nôtres!
Mes pleurs de ces jours-là me payaient bien des autres.

MARIE.

Ah! si d'un tel succès mon père était témoin !

PIERRE.

Vous croyez ?...

MARIE.

J'en réponds!... Mais je le vois de loin
Avec l'ami Merlin, le meunier de la butte.
(A Mme Corneille qui se dirige vers la porte.)
Vous partez ?...

PIERRE.

Parlez-lui...

Mme CORNEILLE.

J'ai peur qu'il ne rebute
Ma demande; aujourd'hui, je la lui ferais mal,
Et, s'il me répondait par quelque mot brutal,
Je...

MARIE.

Ne le craignez pas...

SCÈNE VII.

LES MÊMES, CAUCHOIS, MERLIN.

MERLIN.

Tiens ! Madame Corneille !
Tiens ! Monsieur Pierre aussi ! ça se trouve à merveille,
(A Cauchois.)
N'est-ce pas, compère ?

CAUCHOIS (brusquement).

Oui !

PIERRE.

Peut-on, ami Merlin,
Savoir pourquoi ?

CAUCHOIS (à sa fille, qui n'obéit pas).

Va-t'en.

MERLIN.

Certes ! — « De mon moulin
« J'aperçois, lui disais-je, un jeune homme qui rôde
« A l'entour de chez vous, comme une âme en maraude. »

PIERRE (à part).

Imprudent!

MARIE (à part).

Le bavard!

MER IN.

« N'importe par quel temps,
« Soir et matin, il est, morgué! des plus constants.
« Même par les grands vents, quand je détends mes toiles,
« Il est là qui soupire et qui baye aux étoiles,
« Comme si son bonheur devait tomber du ciel:
« C'est que quelqu'un toujours sait répondre à l'appel.
« Or ce quelqu'un... »

PIERRE (ba).

Merlin!

MARIE (de même).

Monsieur Merlin!

MERLIN (continuant).

« Mérite
« Tous ces soupirs et plus... »

MARIE.

Ah!

MERLIN.

« Donc, de ma guérite,
« Ajoutai-je, je vois que le jeune homme plaît. »

MARIE.

Vraiment?

MERLIN.

J'ai de bons yeux! — « Qu'il est vif et point laid,
« Et que son adorée, adorable et décente,
« Serait une épousée assez assortissante.
« Bref! ajoutai-je encore, on ne vous a laissé
« Que la place d'un mot, compère; on est pressé.
« Le meilleur serait donc d'en finir au plus vite :
« Puisque le jouvenceau chez vous si bien s'invite,
« Dites-lui de rester; puis, entre deux jurons,
« Donnez... »

Mme CORNEILLE.

Qu'a répondu le père?...

CAUCHOIS (très-brusquement).

Nous verrons!...

MERLIN.

Ma fine! comme vous, j'attendais la réponse.
La voilà.

Mme CORNEILLE (vivement).

Viens-nous-en... j'entends ce qu'elle annonce.

PIERRE.

Mais...

Mme CORNEILLE.

« Nous verrons ! » mon fils, c'est « Non ! » poliment dit,
C'est un refus qui n'ose et qui nous fait crédit.
(A Cauchois.)
Notre maison, Monsieur, n'est pas si dépourvue !
Quand on dit : « Nous verrons ! » la chose est bientôt vue.
(Elle sort avec Pierre.)

SCÈNE VIII.

CAUCHOIS, MERLIN, MARIE.

CAUCHOIS.

C'est vif !

MERLIN.

C'est fier !

MARIE.

C'est bien !
(Pleurant.)
Mais j'en mourrai, pour sûr !

MERLIN.

Vous avez répondu, Cauchois, d'un ton bien dur.
« Secouons bien le sac, mais selon la farine... »
Dit le proverbe ; or sus, ces gens-là, j'imagine,
Seraient la fine fleur où vous seriez...

CAUCHOIS (l'interrompant).

Le son !
Je sais ce que je suis et je sais ce qu'ils sont.

MERLIN.

J'entends : vous êtes riche et leur fortune est mince.

CAUCHOIS.

C'est cela...

MERLIN.

Mais ils ont ce qu'envierait un prince,
Ce que tous vos écus ne vous donneraient pas,
Ce qu'on salue enfin partout, et chapeau bas.

CAUCHOIS.

Et quoi donc ?

MERLIN.

Un grand nom.

MARIE.

Bien acquis...

CAUCHOIS.

Belle affaire !

MERLIN.

Et que croyez-vous donc qu'il faille qu'on préfère ?

CAUCHOIS (dédaigneux).

Voyez-vous ce meunier !...

MERLIN.

Oui, tant qu'il vous plaira :
Oui, meunier, farinier, même âne, et cætera,
Compère ! Il n'est pas moins qu'en mon petit génie,
Moi, j'estime le grand, le vrai ! Je me renie,
Je me veux mal de mort quand je manque à le voir,
A l'admirer...

MARIE (avec émotion).

Vraiment ?

MERLIN.

Si l'on ne peut l'avoir
Pour soi, c'est bien le moins qu'on l'aime dans les autres.

MARIE.

Oui !

MERLIN.

Je lui fais surtout grand'fête chez les nôtres,
Ceux du peuple, morgué !

MARIE.

Très-bien !

MERLIN.

Ceux du métier.

MARIE.

En est-il ?

MERLIN.

Oui, pardi ! Je sais, dans le quartier,
Un fils de boulanger qui fait des comédies,
De fine pâte encore, et qui sont applaudies
Par les mitrons, Dieu sait ! Il s'appelle Quinault,
Et pétrit même aussi l'opéra, comme il faut.
Morgué ! toutes les fois qu'on le joue au théâtre,
J'y suis ! Je bats des mains, oh ! comme on bat le plâtre !
Et toujours et quand même : au dedans, au dehors...

CAUCHOIS (ironique).

Il vous faut un succès !...

MERLIN.

Oui, pour l'honneur du corps !
Tout fier, quand un voisin de mon bruit s'exaspère,
Je dis : « C'est moi qui vends la farine à son père ! »

CAUCHOIS.

Vous voilà du métier.

MERLIN.

Ah ! ne plaisantons pas.

MARIE.

Mon père...

MERLIN.

J'en suis plus que vous, dans tous les cas.

CAUCHOIS.

Et comment, s'il vous plaît, cher meunier ?

MERLIN.

Je m'explique :
J'ai toujours entendu dire qu'une boutique
Était... était...

CAUCHOIS.

Voyons, quoi ? Comment disait-on ?

MERLIN.

Était pour le génie un bonnet de coton,
Et qu'aunant votre drap, marchand, court de visière,
Vous ne voyez jamais plus loin que la lisière.
Que... dans ce trou, toujours par le lucre animé,
Votre esprit y contracte un goût de renfermé,
Maussade, froid, mais sain pour le cœur et la tête,
Surtout contre les maux qui forment un poëte.

CAUCHOIS.

Tandis que vous, meunier ?

MERLIN.

Moi, je vis en plein air !
Triste par un jour sombre, et gai par un jour clair.
Mon esprit, tant qu'il veut, jase avec la nature.
Ma butte, mon moulin, un carré de culture,
Des fleurs : voilà mon bien... sans compter l'horizon.
Je n'ai pas pour limite une absurde cloison :
Mon œil plane aussi loin que plane l'hirondelle.
J'ai ma féerie aussi. Que je tourne mon aile :
J'aurai de mon balcon, tout comme à l'Opéra,
Des changements à vue, et tant qu'on en voudra.
Vite un tour de pivot ! j'ai Paris et sa foule ;
Un autre : la campagne à mes pieds se déroule.
A toute heure, l'oiseau me dit mille chansons.
Le dimanche, à la nuit, des bandes de garçons,
La fleurette au chapeau, serrant de près les filles,
Passent par mon sentier, au retour des courtilles ;
On dit bonjour au vin, pour se mieux dire adieu,
Cependant qu'à Saint-Roch grogne le couvre-feu.
J'ai tout, moi qui n'ai rien. Je vis de fantaisie,
Libre ! C'est le bonheur. Est-ce la poésie ?
Je le crois ; je le sens au fraternel accueil
Que me fait tout poëte en franchissant mon seuil.

MARIE.

Vous en voyez souvent ?

MERLIN.

Certes. Monsieur Corneille
S'est assis maintes fois sur mon banc, sous ma treille.

MARIE.

Vraiment !

MERLIN.

C'était notre hôte, en avril, l'an dernier.
Il venait ranimer à notre air printanier
Son esprit, que le froid avait mis en volière.
Il travaillait alors avec monsieur Molière.

MARIE.

Son ami...

MERLIN.

Mon voisin... Et quel brave homme aussi !
C'est par ordre du roi qu'ils composaient ainsi.

MARIE.

Quelle œuvre ?

MERLIN.

La... Psyché, *m'a-t-on dit. Il me semble*
Que je les vois encor qui cheminent ensemble
Le long de notre enclos, par un matin vermeil,
Les pieds dans la rosée, aspirant le soleil ;
S'arrêtant pour écrire au revers de la pente,
Montant, redescendant le sentier qui serpente,
Le pas rapide ou lent, suivant le train du vers ;

L'œil tout distrait, avec des rayons au travers;
Picorant au buisson la rime et la fleurette,
Et riant en passant à l'enfant qui s'arrête.
Bonnes gens! Moi, flâneur à rêvasser enclin,
Je fais taire un instant le babil du moulin,
J'écoute au vol, je prends quelques vers, et leur geste,
Suivi dans le feuillage, au loin me dit le reste.
Ah! parmi les messieurs du beau monde, combien
Auraient payé très-cher ce que j'avais pour rien!
J'ignorais tout d'abord quels gens ce pouvait être;
C'est en les écoutant que je sus les connaître,
Et je fus bien surpris d'apprendre que, des deux,
Le plus pensif était le plus farceur. Moins vieux,
Il se lassait plus tôt...

MARIE.

Tiens...

MERLIN.

Une toux légère
Le forçait d'arrêter. Alors la ménagère,
Qui savait son désir, sitôt qu'il appelait,
Apportait, tout courant, une tasse de lait.
C'est le triste julep qu'il s'est laissé prescrire.
Moi, j'en mourrais, morgué! Lui, ne fait pas moins rire.
Brave esprit! brave cœur! Le rire est sa raison.
Tous nous les aimions bien! Oui, tous, jusqu'au grison,
Qui fraternellement frétillait de l'oreille

Quand il voyait passer Molière avec Corneille.
— C'est fini ! Des fâcheux, qui s'étaient approchés
Un peu trop certain jour, les ont effarouchés !
Et comme ces gens-là, dans le fond, sont timides,
On ne les a plus vus. J'ai les yeux tout humides
Quand j'y pense. Morguienne ! on les a tant aimés !
Nous étions à les voir si bien accoutumés !
Si, par bonheur, j'avais comme vous une fille,
C'est moi qui serais fier d'entrer dans leur famille.

CAUCHOIS.

Vous, je comprends.

MERLIN.

Je n'ai qu'un neveu, sacripant
Bon tout au plus à pendre...

MARIE.

Ah !

MERLIN.

Qui s'en va dupant,
Volant... Si mon gourdin, d'humeur fort peu civile,
Eût jamais rencontré le drôle par la ville,
Quel que fût le beau nom dont il se déguisât,
Il eût épousseté marquis et marquisat.
Suffit ! Laissons cela. Voyons, drapier barbare,
Terminez...

CAUCHOIS.

Moi!

MARIE.

Mon père...

CAUCHOIS.

Ah!

MERLIN.

C'est de l'or en barre
Que ces gens-là...

CAUCHOIS.

Pourtant, vous devez convenir...

MERLIN.

De rien.
(Bas à Marie.)
Si Pierre guette, allez le prévenir.
(Marie va faire le guet à la porte.)

CAUCHOIS.

Avec le mariage, il faut...

MERLIN (très-vif).

Agir d'urgence,
Quand les cœurs vont devant et sont d'intelligence.

CAUCHOIS.

C'est une chaîne...

MERLIN.

Soit ! Mais, quand l'amour est chaud,
On la forge, mordieu ! si l'on n'est pas manchot !

MARIE (revenant inquiète).

(Bas à Merlin.)
C'est drôle ! il n'est plus là...

MERLIN (bas à Marie).

Courez donc chez le père

MARIE (de même).

Et que dire ?

MERLIN.

Un seul mot, qui dira tout : J'espère.

(Marie sort.)

SCÈNE IX.

CAUCHOIS, MERLIN.

CAUCHOIS.

Je voudrais cependant m'informer...

MERLIN.

Et de quoi?

De qui?

CAUCHOIS.

Touchant...

MERLIN.

Corneille? Ah! c'est aisé, ma foi!
Là, pour se renseigner, il n'est pas deux systèmes.
Demandez, les échos vous répondront d'eux-mêmes.
Jetez aux quatre vents son noble nom, je sais
Que partout une voix répétera : Succès!
Gloire, génie, honneur!

CAUCHOIS.

Mais sa fortune?

MERLIN.

Encore!

CAUCHOIS.

Sa personne?

MERLIN.

Elle est simple, et ce qui la décore,
C'est, sous un air riant mêlé de gravité,
Je ne sais quel dédain du vêtement porté.
De la mode du jour croyez-vous qu'il s'informe?
Eh non! de sa misère il garde l'uniforme,
Et mieux qu'en du velours il y marche drapé.
Tu trouveras, marchand, l'habit un peu râpé;
Bourgeois chez qui l'usage en despote commande,
Tu riras de son feutre à la forme normande;
Tu demanderas, toi qui ne fais pas de vers,
D'où vient que sa perruque est un peu de travers,
Son rabat déplissé, ses bas à la dérive,
Et pourquoi même encor, lorsque la pluie arrive,
Si son soulier fait eau, craignant d'aller plus loin,
Il va livrer son pied au savetier du coin?
Ce sont détails trop niais pour qu'il en tienne compte,
Et de ton rire, ainsi, bourgeois, il te fait honte.
Il est libre, et toi? non! Sa fière pauvreté
Pour ses autres vertus est une majesté!

CAUCHOIS.

Bourgeois, marchand! Ces mots, avec vos épithètes...

MERLIN.

Les prenez-vous pour vous ?

CAUCHOIS.

Non.

MERLIN.

Sont-ils malhonnêtes ?

CAUCHOIS.

Je ne dis pas cela, mais...

MERLIN.

Enfin ?...

CAUCHOIS.

J'ai du flair,
Du tact ; je suis marchand moins que je n'en ai l'air.

MERLIN.

La preuve ?

CAUCHOIS.

Demandez !

MERLIN.

Eh bien ! je vous en prie,
Ne faites pas argent du bonheur de Marie ;
Ne négociez pas, au profit d'un brutal,

L'addition des dots, avec pleurs au total;
Acceptez cette fois une mauvaise affaire,
En lui donnant pour rien celui qu'elle préfère.

CAUCHOIS (qui a réfléchi).

Le père est un grand homme, et, grand! ça m'est égal;
Mais est-il, comme moi, considéré, moral?

MERLIN.

Plus!

CAUCHOIS.

Dans sa pauvreté, qu'après tout je tolère,
N'a-t-il pas d'embarras? Est-elle pure, claire?...

MERLIN.

Certe...

CAUCHOIS.

Alors...

MERLIN (vivement).

C'est dit?

CAUCHOIS (hésitant).

Non, mais...

MERLIN (joyeux).

C'est fait!

(A part.)

Qu'il est dur!

Quand il aura signé, je n'en serai pas sûr.

SCÈNE X.

LES MÊMES, UN LAQUAIS.

LE LAQUAIS.

Monsieur Cauchois ?

CAUCHOIS.

C'est moi. Que veut-on ?

LE LAQUAIS.

Une lettre

Qui presse, et...

CAUCHOIS.

Donnez donc ! De qui ça peut-il être ?

MERLIN (examinant le laquais).

Habit fripé, livrée idem, *galon fané :*
Ce drôle sert un drôle...

CAUCHOIS.

Ah ! j'avais deviné !

C'est du marquis...

MERLIN.

De quoi, marquis?

LE LAQUAIS.

De l'Escadrille,
Baron d'Orjac, Grujac, vicomte de Sourille.

MERLIN (à part).

Noble d'emprunt, j'entends : dix noms et pas un bon.
Allons, décidément, c'est quelque vagabond.

CAUCHOIS.

Voici bien autre chose!

MERLIN.

Eh quoi?

CAUCHOIS.

Ce qu'il m'annonce
Pourra pour vos amis déranger ma réponse.

MERLIN.

Hein?

CAUCHOIS (avec suffisance).

Il est mon client, ce marquis...

MERLIN.

Ah!

CAUCHOIS.

Charmant!

De plus mon débiteur...

MERLIN.

Tout naturellement.

CAUCHOIS.

Il m'a dit ce matin : « Il faut que je m'acquitte .. »

MERLIN.

Vrai!

CAUCHOIS.

J'ai refusé,..

MERLIN.

Vous !

CAUCHOIS.

Il tient bon, « Je vous quitte. »

M'écrit-il tout fâché.

MERLIN (à part).

Vraiment, je n'y suis plus.

CAUCHOIS (continuant).

« Si vous n'acceptez pas, pour le moins, cent écus. »

Seulement, comme il n'a pas grand argent en coffre...

MERLIN (à part).

Voici qui redevient plus vraisemblable.

CAUCHOIS.

Il m'offre

Une créance...

MERLIN.

Bonne?

CAUCHOIS.

On fera ce qu'il faut.

Raffle, un recors de race et jamais en défaut,

S'est mis vite en campagne, et déjà tient la piste.

MERLIN.

Quel est le débiteur ?

CAUCHOIS.

Ah ! voilà le plus triste :

C'est votre ami...

MERLIN.

Corneille!

CAUCHOIS.

Oui...

MERLIN (à part).

Je sens là-dessous

Quelque tour de fripon...

(Haut.)

Et que décidez-vous ?

CAUCHOIS.

Je ne sais trop...

MERLIN.

Comment ! vous hésitez ?

CAUCHOIS.

Je tâche
De tout concilier... Si le marquis se fâche,
Si...

MERLIN.

Voyez-le...

CAUCHOIS.

C'est juste.

(Au laquais.)

Où pourrai-je le voir ?

LE LAQUAIS.

Chez Fredoc.., au théâtre.

MERLIN (à part).

Ah ! — j'y serai ce soir.
J'ai mon plan...

CAUCHOIS (au laquais en le congédiant d'un geste).

Bien, allez...

LE LAQUAIS (à part, en riant).

Tout marche !

MERLIN (qui l'observe).

Il rit sous cape,
Le faquin ! nous prend-il pour des gens qu'on attrape ?
(Le laquais sort.)

SCÈNE XI.

CAUCHOIS, MERLIN.

CAUCHOIS (relisant la lettre du marquis).

Au théâtre ! Il m'adresse en effet sous ce pli
Deux cartes que Boyer, son ami...

MERLIN.

C'est poli !
(A part.)
Voilà ce qu'il me faut.
(Vivement prenant une des cartes.)
Part à deux ! Je m'invite,
Hein ! je vous accompagne ?...

CAUCHOIS.

Accepté !

MERLIN (à part).

J'irai vite

Droit à mon drôle ainsi lui serrer le bouton.

CAUCHOIS.

Ce marquis est charmant !

MERLIN (avec ironie).

Charmant !... Que jouera-t-on ?

CAUCHOIS (lisant dans la lettre).

Attendez : Oropaste, ou le Faux Tonaxare.

MERLIN.

Dieu ! si ce n'est pas beau, ce doit être bizarre.
Du Boyer !... Ce n'est pas mon Corneille !

CAUCHOIS (vivement).

Ah ! sur lui

Et les siens, plus un mot...

MERLIN.

Pourquoi donc ?

CAUCHOIS (avec chaleur).

Aujourd'hui,

Si je vous avais cru, le fils était mon gendre ;
Et demain quelque ami serait venu m'apprendre

Que le père est cité chez le juge-consul
Pour dettes... Quel affront ! Si j'ai promis, c'est nul.

MERLIN.

Mais...

CAUCHOIS (s'animant).

Tailleur, pourpointier, mercier, fripier, fripière,
Drapier : tout le métier m'aurait jeté la pierre !
(Avec emphase.)
Qui me touche, Merlin, se doit pur au public,
Car je suis de six corps, et je serai syndic,
Syndic !... C'est donc fini.

MERLIN (à part).

Nous verrons. On replâtre
Des affaires qui vont plus mal...

CAUCHOIS.

Vite au théâtre !

SCÈNE XII.

LES MÊMES, MARIE.

MARIE.

Au théâtre?

CAUCHOIS.

Et gratis! Tu m'attendras.

MARIE (bas, à Merlin).

Eh bien,

Quoi?

MERLIN (bas, à Marie).

Tout n'est pas perdu.

(Il sort avec Cauchois.)

SCÈNE XIII.

MARIE, puis PIERRE.

MARIE.

Je n'espère plus rien!
Et Pierre ne vient pas... et sa mère inquiète
Ignore ce qu'il fait!
(Elle va à la porte.)
Vainement je le guette.
(Pierre paraît.)
Vous voilà donc enfin!

PIERRE.

Oui, pour vous dire adieu.

MARIE.

Me dire adieu?

PIERRE.

Soldat, je m'en retourne au feu.

MARIE.

Vous ne m'aimez donc plus?

PIERRE.

Le pensez-vous, Marie?
Si de l'espoir, pour nous, la source s'est tarie,
Celle de mon amour, qui pleure en s'exilant,
Coule plus que jamais d'un flot pur et brûlant...

MARIE.

Demeurez...

PIERRE.

Je ne puis; pourquoi lasser ma vie
Trop près de ce bonheur, dont l'ombre poursuivie
Ne peut plus me donner ce que je crus gagner?
Désespérant d'un bien, il s'en faut éloigner.

MARIE.

L'oubli viendra...

PIERRE.

Jamais! J'emporte ineffacée
Cette image qu'en moi votre vue a laissée;
Mon âme s'agrandit pour la mieux contenir.
Ranimant les débris de ce cher souvenir,
Je veux être toujours en votre obéissance :
Ils peupleront mon cœur au désert de l'absence;
Et, d'un dernier rayon si je reste embrasé,
Ce sera le reflet de mon rêve brisé.

MARIE.

Quelque chose me dit qu'il faut espérer ; Pierre,
Ne vous éloignez pas.

PIERRE.

Pourquoi cette prière?
D'un mot de vous, d'un seul vous savez le pouvoir ;
N'insistez pas... Pour moi, partir est le devoir...

MARIE.

Le devoir?

PIERRE.

Écoutez : il n'est rien que je cache
A mon amie. Un homme était resté sans tache,
C'est mon père! Un service imprudemment rendu
Fait qu'il est menacé. Son honneur est perdu,
Sa liberté même...

MARIE.

Ah!

PIERRE.

Pour nous, quelle ressource,
Dites? Le vieux lion tombe au bout de sa course
Dans les piéges d'un lâche! Il devra tout souffrir.
Nul ne vient le sauver : c'est à moi de m'offrir.
Mon sang est le seul bien dont je sois le vrai maître.

Hier j'étais soldat, et demain je puis l'être :
Je le serai...

MARIE.

Comment?

PIERRE.

Oui, trouvons à ce prix
Ce que Corneille en vain cherche par tout Paris.

MARIE.

Pierre!

PIERRE.

Il est au Pont-Neuf, au quai, dans quelques rues
Aux alentours, des gens qui cherchent des recrues.
J'y suis allé. La foule avait tout inondé
Pour voir passer tantôt le prince de Condé,
Qui se rend au théâtre; et j'ai remis l'affaire,
Bien qu'elle ne soit pas de celle qu'on diffère.
Demain...

MARIE.

Vous n'irez plus!

PIERRE.

Mais...

MARIE.

Je vendrai plutôt
Mes hardes, mes bijoux...

SCÈNE XIV.

LES MÊMES, Mme CORNEILLE.

PIERRE (à Marie).

Ma mère... plus un mot !

Mme CORNEILLE.

Ah ! te voilà, mon fils ! mais as-tu vu le père ?

PIERRE.

Il n'est pas rentré ?

Mme CORNEILLE.

Non ! et je m'en désespère.

PIERRE.

A cette heure il allait au théâtre autrefois ;
Peut-être...

Mme CORNEILLE.

Non, tu sais que depuis bien des mois
Il n'y va plus. C'était le chemin de la gloire,
C'est celui du malheur à présent... Ah !

PIERRE.

Que croire ?

MARIE.

Que craindre ?

Mme CORNEILLE.

Tout... Faut-il, mon Dieu, qu'un tel ennui
Trouble, en ses derniers jours, un homme comme lui !
N'est-ce donc pas assez que la lutte dévore
Ce vieillard, obligé de travailler encore ;
Et que pour ce labeur, conquis sur son repos,
Il n'ait qu'un prix amer : de dédaigneux propos,
Avec ces mots ingrats : Faiblesse et décadence ?
Son noble cœur n'a pu s'ouvrir sans imprudence ;
Il n'a pu sans péril être un jour généreux,
Quand, pour lui-même, on l'est si peu chez les heureux ;
Quand les bienfaits du roi, moins dons que redevance,
Se retirent de lui plus sa vieillesse avance !
Ah ! que deviendrons-nous ?

SCÈNE XV.

LES MÊMES, MERLIN.

MERLIN (accourant).

Enfin plus d'embarras !

Mme CORNEILLE.

Que dit-il ?

MERLIN.

Non... Pour lui, pour vous, ne craignez pas
Désormais...

Mme CORNEILLE.

On a mis tout à l'heure à la porte
Des placards de saisie et de vente...

MERLIN.

Qu'importe !
On les déchirera... Tout, dis-je, marche au mieux.
Jamais il n'a paru plus grand à tous les yeux.

PIERRE.

Mon père ?

MERLIN.

Oui.

MARIE.

Mais le mien?

MERLIN.

Il consent!... il vous dote!!
C'est incroyable! Bref, écoutez l'anecdote;
Elle en vaut bien la peine. Or, sus donc, nous étions
Partis pour le théâtre, et nos attentions
Se préparaient, Dieu sait! Nous voilà dans la salle,
Déjà pleine : on se glisse, on bouscule, on s'installe;
On est mal, mais on croit qu'on est bien : ça suffit!
On murmurait pourtant, quand le calme se fit.
Un beau monsieur paraît, qui par trois fois salue.
C'est Molière! Il nous fait, comme s'il l'avait lue,
Sa harangue. Ah! quel homme, et comme il a le fil!
Ah! quel esprit : « Monsieur le Prince, nous dit-il,
« Doit venir tout à l'heure. Il nous demande en grâce
« Une œuvre de Corneille. On jouera donc Horace
« Au lieu du Tonaxare. *» Ah! tant mieux! très-bon choix!*
Bien! crie à l'unisson tout le monde. Une voix
Domine : c'est la mienne! On est sur le qui-vive,
Le cou tendu, pour voir Son Altesse. Elle arrive,
Salue; on lui répond, et l'on croit que c'est tout.
Ah bien oui, palsangué! nous n'étions pas au bout.
Le public tout à coup se lève, se découvre;
Condé même est debout, chapeau bas, comme au Louvre
Devant Sa Majesté. C'était beau! noble! oh! oui,

Royal ! Aussi Cauchois me dit, tout ébloui :
« Le Roi vient donc ? — Eh non ! non ! prêtez mieux l'oreille,
« Compère, et, comme nous, criez : Vive Corneille !
« — Corneille ! » Là-dessus, je braque son regard,
Où l'admiration brillait, vers un vieillard
Qui s'assied dans son coin, l'air confus, l'œil humide.
Brave homme ! noble esprit ! sa gloire l'intimide.
Cauchois aussi pleurait, et moi donc !... tout de bon !
Il trépignait, hurlait. Je le saisis au bond
Et je lui dis : « Eh bien ! vous voyez qu'un poëte
« C'est quelqu'un ? — Oui, morbleu ! je vois qu'on lui fait fête
« Mieux qu'au grand Condé même. » Et trépignant plus fort,
Il menace, il maudit quiconque ferait tort
A son ami Corneille ! Alors, moi, je lui crie :
« Et Pierre cependant n'épouse pas Marie !
« — Il l'aura ! » répond-il ; puis il part comme un fou.
Je veux le suivre... en vain... Il est je ne sais où.

SCÈNE XVI.

LES MÊMES, CAUCHOIS.

CAUCHOIS.

Me voilà! me voilà! Ma fille! Ah! Monsieur Pierre!
Ah! Madame! combien vous devez être fière!
Moi! je suis bien heureux! vrai! mais bien désolé!

Mme CORNEILLE.

Pourquoi?

CAUCHOIS.

Figurez-vous que je m'en suis allé
Chercher ce beau marquis, gardien de la créance.
Je voulais qu'il cessât de presser l'échéance;
Quoi qu'il m'en pût coûter, je l'aurais défrayé.

Mme CORNEILLE.

Vraiment!

CAUCHOIS.

Au double même, oui! J'aurais tout payé,
Car c'est pitié, morbleu! que, pour si maigre somme,
On jette du tourment au cœur d'un si grand homme...
Personne!

Mme CORNEILLE.

Le billet?

CAUCHOIS.

Il court...

MERLIN.

C'est moi qui l'ai.

(Il le montre.)

Mme CORNEILLE.

Est-ce vrai?...

MERLIN.

Pour l'avoir, je l'ai presque étranglé!

CAUCHOIS.

Le marquis?

MERLIN.

Mon neveu.

CAUCHOIS.

Comment! c'était?...

MERLIN.

Ce drôle!

Ah! je l'ai quelque peu dérangé dans son rôle.

Après deux ou trois mots d'une explication
Que je saurai reprendre avec affection,
Cette poigne, qui vaut des tenailles de forge,
Vous le serra si bien, si dru, qu'il rendit gorge!
Voilà...

(Il donne le billet à Mme Corneille.)

Mme CORNEILLE.

Merci cent fois !

MERLIN.

Bah ! ça ne vaut pas tant.

CAUCHOIS.

Si fait, Merlin... si fait!

MERLIN.

Vous êtes donc content ?

CAUCHOIS.

Certes ! De vous d'abord, et de moi-même ensuite,
En demandant pourtant pardon de ma conduite ;
Et de mon repentir, ma foi, je me sens fier :
Il prouve qu'aujourd'hui je suis moins sot qu'hier.
Ah ! dam, je savais mal ce que c'est que la gloire.
Hors du luxe et du bruit, je n'y voulais pas croire ;

Mais ce qui brille enfin perd pour moi de son prix ;
Je vois que sans l'argent on est grand. Je suis pris,
Convaincu cette fois, et tout de bon ; en somme,
Bien heureux. Je comprends ce que c'est qu'un grand homme,
Oui !... Je bénis les pleurs qu'il a su me tirer,
Et je sens qu'on vaut mieux quand on sait admirer.

FIN.

Paris, imprimerie JOUAUST père et fils, rue Saint-Honoré, 338.

www.ingramcontent.com/pod-product-compliance
Lightning Source LLC
LaVergne TN
LVHW020557230826
846091LV00002B/508